Des Rebben Pfeifenrohr

Mendele Moicher Sforim
Scholem Alechem
Jizchok Leib Perez

Des Rebben Pfeifenrohr

Humoristische Erzählungen aus dem Jiddischen

Mit 33 farbigen Reproduktionen
nach Pastellen, Gouachen und Ölbildern
von Anatoli L. Kaplan

Eulenspiegel Verlag
Berlin

Zusammengestellt und mit einem Nachwort versehen
von Ingetraud Skirecki

Für Renée, Bettina, Ivo, Gerrit
und all die andern Kinder
der Davongekommenen

ISBN 3-359-00318-7

MENDELE MOICHER SFORIM

Der Vorspruch des Mendele

,,Wie ist Euer Name?" Das ist die erste Frage, die ein Jude einem Wildfremden gleich bei der ersten Begegnung stellt, sobald er ihm Willkommen gesagt hat. Niemandem fällt es dabei ein, daß man dagegen zum Beispiel antworten könnte: ,,Was liegt Euch denn so sehr daran, zu wissen, wie ich heiße, Herr Gevatter? Wollen wir denn unsere Kinder miteinander verheiraten? Ich heiße so, wie man mich nannte, und nun laßt mich in Ruhe!" Nein, im Gegenteil, die Frage nach dem Namen ist etwas ganz Normales, gerade so, wie man den neuen Rock eines andern befühlt und dabei fragt: ,,Wie teuer? Was kostet die Elle?" Oder so, wie man unaufgefordert eine Zigarette nimmt, wenn jemand seine Büchse öffnet. Oder so, wie man seine Finger in eine fremde Schnupftabakdose steckt und sich eine Prise nimmt. Oder so, wie man den Fuß in die Wanne eines andern steckt, sein schmieriges Tüchlein darin eintunkt und sich den Körper damit abreibt. Oder so, wie man verstohlen in ein fremdes Gebetbuch hineinschaut und aus Anstand schnell umblättert, während der Besitzer die Worte des Gebetes noch gar nicht recht begriffen hat. Oder so, wie man hinzutritt, wenn sich zwei Leute unterhalten, sein Ohr hinhält und sich ihr Gespräch anhört. Oder so, wie man jemanden urplötzlich und unerwartet nach seinen Geschäften fragt und sich ihm mit Ratschlägen aufdrängt, obwohl sie jener durchaus nicht nötig hat und sehr wohl ohne sie und ohne ihn auskommen kann. Diese und ähnliche Dinge sind bei uns Juden sehr verbreitet. So ist der Lauf der Welt seit ewigen Zeiten, und sagte man etwas dagegen, so täte man was Verrücktes, etwas ganz Absonderliches, ja das wäre gar gegen die Natur. Und nicht nur für das Diesseits, auch fürs Jenseits haben die Juden die Überzeugung, daß man bloß einen Fuß hinüberzusetzen braucht und sofort vom Totenengel mit der Frage begrüßt wird: ,,Wie heißt Ihr, Herr Gevatter?" Selbst der Engel, der mit unserm Stammvater Jakob rang, wich davon nicht ab und fragte ihn, wie es Brauch und Sitte ist, nach seinem Namen. Wenn dies schon bei Engeln so ist, um wieviel mehr dann bei sündhaften Menschen, den Geschöpfen aus Fleisch und Blut. Ich weiß sehr wohl, wenn ich zum ersten Mal mit meinen Erzählungen in die jüdische Literatur hinaustrete, wird die erste Frage der Leute gewiß lauten: ,,Wie ist Euer Name, Gevatter?"

Mendele heiße ich! So nannte man mich, liebe Leser, nach einem Urgroßvater mütterlicherseits, nach Reb Mendele Moskauer seligen Andenkens. Moskauer hieß er zu seinen Zeiten darum, weil er, wie man erzählte, einmal bis nach Moskau gekommen war, um dort russische Ware einzukaufen, und sich fein still wieder davongemacht hatte, bevor man noch daran dachte, ihn auszuweisen. Nun, davon wollte ich gar nicht sprechen. Das lohnt sich nicht. Aber in Moskau, beim Moskowiter, war er doch noch gewesen. Das brachte ihm in seiner Gegend Namen und Ehre ein. Alle betrachteten ihn als erfahrenen, welttüchtigen Menschen, der in der ganzen Welt herumgekommen war, und wenn es irgendeine Not gab oder wenn man ein russisches Gesuch zu schreiben hatte, so beriet man sich mit ihm... Aber nicht davon wollte ich sprechen...

Damit ist man aber noch nicht fertig. Nach dieser ersten Frage beginnen bei den Juden erst allerlei Fragen zu strömen, wie zum Beispiel: ,,Woher seid Ihr? Seid Ihr verheiratet? Habt Ihr Kinder? Womit handelt Ihr? Wohin fahrt Ihr?" Und noch viele ähnliche Fragen, die man in ganz Israel stellt, wenn man vor den Leuten gleich zeigen will, daß man gottlob ein herumgekommener Mensch und kein Stubenhocker ist, und auf die man gebührlich antworten muß, so wie ,,Gutes Jahr" auf den Wunsch ,,Guten Schabbes" oder ,,Guten Jontew". Ich will es nicht mit der ganzen Welt zu tun bekommen und bin bereit, alle diese Fragen auch so kurz und bündig wie möglich zu beantworten.

Ich bin aus Heuchlingen gebürtig, einem ziemlich großen Städtchen im Gouvernement Dösenheim. Die Stadt ist durch ihre Güte und ihre Frömmigkeit berühmt, so wie Dümmingen zum Beispiel durch seine Klugheit, Schnorringen durch seinen Reichtum und Faulburg durch seine Industrie – lauter schöne Gegenden mit Vorzügen, die auf den Zustand der Juden hier auf diesem Flecken des Exils wirkten und wirken... Aber nicht davon wollte ich sprechen...

In meinem Paß steht freilich ausdrücklich mein Alter angegeben, aber wie alt ich wirklich bin, das kann ich euch nicht mit Bestimmtheit sagen, wie das bei den Juden schon so üblich ist. Meine seligen Eltern gingen in der Berechnung meiner Jahre bedeutend auseinander. Nach beiden wurde ich am ersten Chanukka-Abend während des großen Brandes der Läden geboren. Aber nach der Rechnung des Vaters war das damals, als die großen Kältewellen in unsere Gegend eingeschleppt wurden, gerade um die Zeit, als der Rebbe, gesegneten Andenkens, verschied. Und meine Mutter wieder behauptete, das wäre an die zwei Jahre nach der ersten Panik gewesen. Sie hatte sogar einen Beweis: Damals hatte bei uns die rote Kuh gekalbt, und am letzten Chanukka-Tage hatte sie für die halbe Stadt Käsekrapfen gebacken, nach denen sich die Leute alle fünf Finger ableckten und die einigen alten Leuten noch heute auf der Zunge lägen. Man muß Zeit haben und tüchtig sein, um sich in solche Berechnungen zu versenken, wie die Faulburger Gehirnmenschen... Aber nicht davon wollte ich sprechen...

Die Personenbeschreibung in meinem Paß lautet: Wuchs – mittelgroß; Haar und Brauen – grau; Augen – schwarz; Nase und Mund – normal; Bart – grau; Gesicht – rein; besondere Merkmale – nicht vorhanden. Das heißt, alles in allem ganz gewöhnlich, nichts Besonderes, ein Mensch wie alle andern, kein Vieh, Gott behüte. Nun, dann fragt es sich doch: Ein Paß ohne jede Personenbeschreibung bewiese ja auch, daß man ein Mensch ist?! Denn wo hat denn das Vieh einen Paß? Nun, dieser Einwand wird dadurch widerlegt, daß das Einwenden eben keinen Sinn hat. Das ist ja der ganze Sinn, daß einem die Personenbeschreibung vorgesetzt wird und man doch nicht weiß, wie das Gesicht aussieht. Und wirklich, wozu wollen wir uns täuschen, was habt ihr schon davon, wenn ihr zum Beispiel wißt, daß meine Stirn hoch ist und viele Falten hat, daß meine Nasenlöcher sehr groß und ein wenig sonderbar sind, daß mein Gesicht nach außen hin zornig wirkt, wenn ich schaue oder etwas betrachte, dann mache ich meine kleinen, kurzsichtigen Augen ein wenig zu, und wenn ich die Lippen verziehe, so scheint auf ihnen ein mild-stechendes Lächeln zu schweben. Ach, das ist ja wirklich Unsinn. Sogar meine Frau hat sich vor unserer Hochzeit nicht um solche Kleinigkeiten gekümmert. Sie nahm mich wie einen blinden Eßrog, ohne vorher

mein Gesicht anzusehen – und es ging! Also nun wißt ihr übrigens auch schon, meine lieben Leser, daß ich verheiratet bin. Und von Kindern braucht ja gar keine Rede zu sein. Selbstverständlich habe ich welche, und unberufen sogar viele. Was denn anderes hat der Jude?... Aber nicht davon wollte ich sprechen...

Mein Geschäft ist der Buchhandel, wie ihr mich da seht. Ich hatte in meinem Leben alle möglichen Berufe, ich hatte mich wie üblich nach allen Decken gestreckt, bis ich endlich eine wegwerfende Handbewegung machte: „Zum Teufel mit allen Berufen!“ und den Buchhandel begann. Und dabei bin ich bis heute geblieben!

Dann wären Bücher also, könnte man meinen, das beste Geschäft, ich wäre damit gar reich geworden! Und sogleich werden die Juden – die armen Teufel schmachten ja nach einem Erwerb – sich wie die Heuschrecken auf den Buchhandel stürzen. Nun, so schwöre ich euch, daß ich ein armer Mann bin! Das eigentliche Buchgeschäft, der Handel mit Gebetbüchern aller Art, bringt einem nicht einmal das Wasser zum Brei ein, wie man sagt, darum muß ich auch Berschader Arbekanfes mit mir führen, Dubrower Talleissim, achtfache Zizzes, Tfillin, Schoifres, Mesuses, Wolfszähne, Muscheln, Amulette, Kinderschuhe und Kinderkäppchen und manchmal auch Messing- und Kupferzeug. Wieso Messing- und Kupferzeug zu Büchern kommt, weiß ich selbst nicht. Aber so ist es bei uns nun mal Brauch, genauso wie ein Schriftsteller manchmal auch Heiraten vermitteln muß, wie der Schammes einer polnischen Betstube einen kleinen Ausschank halten, wie ein Minjenmann auf einem Fest bei den feinen Leuten manchmal Fische kochen und Kellner sein muß, wie der Rabbiner eines Städtchens sein Einkommen mit dem Hefeverkauf aufbessern muß. Und trotzdem, schwöre ich euch, besitze ich keinen Pfennig Vermögen.

Es ist ein wunderbares Glück, daß man zu einem Buchhandel, wie dem meinen, kein großartiges Magazin halten muß. Dafür genügt ein beliebiges Wägelchen und ein beliebiges Rößlein. Ist das Rößlein ein wenig alt und schäbig, hinkt es ein bißchen und kann kaum die Beine heben, so macht das gar nichts. Hetzen, Postfahren hat man nicht nötig. Man packt sich sein Wägelchen voll, deckt eine Plane darüber und zockelt munter drauflos. Es muß kein Glöckchen dabei klingen, man ersetzt es durch das Knarren der Räder. In Gasthöfen braucht man nicht mit großem Pomp Quartier zu nehmen, sondern fährt sofort beim Lehrhaus vor. Der Wagen bleibt auf dem Hof stehen. Das ausgespannte Pferd steht da, frißt Häcksel, wenn es nur welchen bekommt, aus einem Leintuch, das zwischen den hochgestellten Deichselstangen ausgebreitet ist. Daß die Kinder sich heimlich dahintermachen und ihm verstohlen Haare aus dem Schweif zupfen, das ist auch weiter kein Unglück, wenn man will, kann man es völlig schwanzlos haben, ganz nach der Mode. Aber das sei ja Tierquälerei?! I wo! Mein Tölpel steht ganz ruhig da und läßt es sich nicht nahegehen. Manchmal läßt er die Unterlippe hängen, steckt die Zungenspitze heraus und scheint wie ein Mensch zu grinsen. Trifft es sich mal, daß er nichts zu fressen hat, dann steht er nachdenklich mit erhobenen Ohren und blickt auf die Bücher im Wagen, so daß man schwören möchte, sein Pferdehirn begreife sie sehr wohl und gehe mit ihnen ganz verflucht gelehrt um... Aber nicht davon wollte ich sprechen...

Also wenn ich gottlob mein Pferd auf dem Synagogenhof versorgt habe, dann nehme ich mir einen Platz im Lehrhaus. Am Tage lege ich dann meine Bücher für die Leute auf dem langen, schmierigen Tisch am Eingang neben dem Ofen aus, und bei Nacht lege ich mich selbst auf die Bank und tue, als ob ich hier zu Hause wäre, und schlafe, was das Zeug hält. Und all das bißchen Diesseitsglück habe ich umsonst und mit vielen Ehren!

Wenn dem nun so ist, wenn da herumgewandert, herumgeirrt und geschnorrt wird, so erhebt sich wohl die Frage: Welcher Teufel hat mich zum Buchhandel gebracht? Und wozu bleibe ich bis auf den heutigen Tag bei solchem Geschäft? Es fällt mir zwar schwer, darauf zu antworten, aber ich habe keine Wahl...

Meine lieben Leser, ich bekenne! Eine Schwäche habe ich seit meiner Kindheit, die bei den Fremden „Liebe zur Natur" heißt, also zu allem, was wächst, was sprießt, was lebt, was auf der Welt ist. Da zieht mich etwas an und treibt mich irgendwie. Da geht mir etwas nicht aus dem Sinn: ein schönes Gesicht, eine herrliche Form, ein Grashalm, ein Baum, eine Rose, ein Vogel. „Aber, aber", wird man sagen, „schämt Ihr Euch denn nicht, ein bärtiger Mann, ein Mensch, der Frau und Kinder ernähren muß, der nach dem Lauf der Natur Sorgen haben, nachdenken und grübeln müßte über Sinn und Zweck! Schämt Ihr Euch nicht, an solchen Unsinn zu denken, Natur – papperlapp, solche Kindereien!" Ach, ich weiß es, ich weiß es sehr wohl, daß so etwas für einen Juden unpassend ist, aber was soll ich machen, wenn das bei mir eine angeborene Schwäche ist, ein Trieb, der mich wie ein Magnet anzieht. Und noch dazu gerade dann, wenn ich mich mit ernsten, wichtigen Dingen beschäftige, wie mit dem Judentum zum Beispiel oder mit Geschäftsdingen. Mitten in der Mondweihe – stellt euch vor, gerade mittendrin, im besten Beten, im Körperschütteln unter den Leuten – reißt es mich gleichsam zu dem schönen blauen, bestirnten Himmel mit dem versonnenen, schwermütigen, herrlichen Mond empor, meine Gedanken sind Gott weiß wo, bei hellen Gesichtern, schönen, brennenden, nachdenklichen Augen, Geseufze, Geraune, dichtbeasteten Linden. Man könnte mich unter Eid fragen, ich wüßte nicht, was mein Mund plappert. Mein Nebenmann

sagt zu mir: ,,Friede mit Euch", und ich erwidere ihm: ,,Komm, o Freund, der Braut entgegen!"

Ebenso ist es mit dem Eßrog, mit dem Lulow, mit den Schanes. Ich vergesse die religiöse Symbolik, die in ihnen liegt, und denke nicht weiter an Gott und seine Glorie, sondern erquicke mich daran, wie wundervoll und frisch sie duften. Der Gang zu Taschlich, eine so ernste jüdische Angelegenheit, da man die Sünden von sich wirft, wird mir zu einem schönen Spaziergang. Wenn ich dort die Gebete spreche, dann schauen meine Augen auf den Fluß, auf die grüne Flur, die sich drüben auf dem andern Ufer weit in die Ferne erstreckt. Ich sehe das fließende, murmelnde Gewässer vor mir, stolz schwimmende Gänse, ein Lüftlein weht, hochgewachsenes Schilfrohr flüstert, ein Weidenbäumlein spiegelt sich und badet seine Zweige im Wasser. Klar ist der Himmel, die Luft frisch, göttliche Stille in Tälern, auf Hügeln, in Wäldern überall. Irgend etwas reißt an meiner Seele, Sehnsucht, Verlangen – o mein Gott! – ich weiß selbst nicht, wonach. Spazieren gehe ich für mein Leben gern. Auf dem Feld und im Wald bin ich nicht der gleiche wie in der Stadt, da bin ich frei, da bin ich des Joches ledig. Was scheren mich da meine Frau, meine Kinder und alle meine Sorgen!

Ich bin froh, ich ergötze mich in seliger Wonne an den Werken des Herrn, ich gebe mich mit allen Sinnen hin und versinke in Gottes Welt, in Gottes schöner Welt!

Diese arge Leidenschaft war es, die in mir bohrte und brummte: ,,Mendele, der Buchhandel ist für dich wie geschaffen! Und wenn du was versetzen müßtest, das bißchen Schmuck deiner Frau – kaufe ein Pferd und einen Wagen, packe ihn mit Büchern voll und fahre in die weite Welt! Verdienen hin, Verdienen her, die Hauptsache ist das Reisen, die Freude, die du haben wirst, wenn du unterwegs so viel Schönes siehst und hörst. Du wirst auf der Fahrt behäbig wie ein Kaiser auf deinem Wagen liegen und jedes Stücklein der kunstvollen, schönen Werke Gottes betrachten, seine Geschöpfe in Bergen und Tälern, auf Feldern und in den Wäldern. Das Rößlein wird ganz, ganz langsam zockeln, und du wirst schauen und schauen. So wird es unterwegs sein, und wenn du in kleine und größere Städte kommst, wirst du verschiedene Menschen sehen, feine Leute, große Herren, sonderbare Geschöpfe, allerlei Personen, gebogene Rücken, hochgehobene Nasen, langhändige, klebrigfingrige, alle möglichen Arten, vom alten und vom neuen Schnitt, dann wirst du von ihnen Geschichten zu erzählen wissen, du wirst zu singen und zu sagen haben."

Nun, wißt ihr es jetzt, meine lieben Leute?

Heute, da ich eine ziemliche Weile herumgereist bin, bohrt und brummt der böse Trieb wieder in mir: ,,Geh", sagt er, ,,geh, drucke die Geschichten, die du von den Juden zu erzählen weißt. Sie sollen sie ruhig lesen, es wird ihnen Gott behüte nicht schaden!"

,,Na, meinetwegen", überlegte ich mir, ,,ich werde es tun." Ich glaube, ich habe alles gesagt, was not tut. Übrigens bin ich ja nicht mehr als ein Mensch. Sollte ich etwas vergessen haben, dann werde ich es, wenn ich mich erinnere, in einem meiner Bücher sagen. Und wenn jemand ungeduldig sein sollte und alles sofort bis aufs I-Tüpfelchen wissen will, dann mag er so gut sein und mir schreiben, er wird von mir bald eine klare Antwort erhalten.

Meine Adresse ist: ,,Mendelju Jidelewitschu Moicheru Sforemu uw gorodi Heuchlingu" – An Mendele Jidelewitsch Moicher Sforim in der Stadt Heuchlingen. Den Titel ,,Gospodinu jewreju" – An den Herrn Juden – braucht man nicht zu schreiben, man wird es auch ohnehin wissen.

MENDELE MOICHER SFORIM

Reb Chajim erfindet den Napoleonshut

Es war ein Winterabend, nach Schabbes-Ausgang. In dem kleinen Kamin flackerte ein lustiges Feuer, das von Zeit zu Zeit mit dünnen, trockenen Spänen genährt wurde. Vor dem Feuer saß die Familie an einem zum warmen Ofen gerückten Tisch. Eine Nachbarin aus dem Nebenhaus saß auch dabei und war von Neuigkeiten wie eine Trommel zum Bersten voll. Man wechselte Worte und schliß dabei Federn, während gleichzeitig eines der Kinder die Geschichte von Josef in jiddischer Sprache vorlas. Man freute sich, bewunderte Judas Stärke – „wenn er ein Geschrei ausstieß, ging schier ganz Ägypten zugrunde".

Die Katze saß an den Ofen geschmiegt, leckte ein wenig ihre Pfötchen, bewegte die Ohren und freute sich anscheinend auch. Auf dem Herd kochte das Abendessen, aber vor allem siedete hier ein Topf mit Kartoffeln, die man derweil bald zu sich nehmen wollte. Reb Chajim ging in der Stube auf und ab und sang mit tiefem Gefühl das Lied vom Propheten Elia. Und als er mit den Worten endete: „Bald komme er zu uns", da öffnete sich die Tür, und angesehene Leute kamen herein.

„Gute Woche!“

„Gutes Jahr!“

Und das war ja selbstverständlich, daß feine Leute einander beim Eintreten respektvoll behandelten und die Tür selbst im Winter eine Stunde offenließen, so daß man in der Stube vor Kälte umkommen konnte. Ebenso ging es beim Platznehmen. Es verging hübsch viel Zeit mit Rücken und Winken und Bitten und Einander-auf-die-Füße-Treten, bis die feinen Leute endlich alle Platz genommen hatten. Sore wartete den Gästen freundlich mit Blüten- und Kräutertee auf, gegen den schwarzer Tee ein Hund ist, und mit Stückchen Kandiszucker, gegen den der heutige Zucker ein Hund ist. Man saß, trank und schwieg voll Anstand, blies in den Tee und trank in kleinen Schlucken und machte nach jedem Schlückchen eine Pause. Einer steckte seine Pfeife an, einen Porzellankopf mit silbernem Deckel und langem, geflochtenem Rohr. Einige husteten sich ein wenig aus, strichen sich Nase und Bart, und man begann sich zu unterhalten. Ein wenig über dies und ein bißchen über das, bis man nach einigem Hin und Her endlich auf folgenden Gegenstand kam.

„Ach – cha – cha... Das Kleidergesetz ist doch eine ganz böse Sache!“ sagten alle seufzend. „Juden sollen fremde Kleidung antun! Eine Schirmmütze!... Furchtbar ist das, ganz schrecklich! Und wozu denn, Gott, ach, wozu?! Was können die anderen denn davon haben, daß die Juden sich neumodisch kleiden? Es muß doch alles einen Sinn haben.“

„Man sagt, daß eine List dahintersteckt“, nahm der mit der Pfeife das Wort, die Stirn in Falten und mit heftig verzogenem Gesicht, indem er Rauchkringel ausstieß. „Es soll gar von – na, von wem meint ihr, soll es kommen? Von Montefiore!“

„Um Gottes willen, Reb Bär! Was sagt Ihr da?“

„Das, was ihr hört. Darf man Reb Boruch Hillels vielleicht nicht glauben? Er kommt eben erst von den Jahrmärkten und hat dort mit eigenen Ohren...“

„Ich habe auch so was gehört“, fiel ihm ein lebhafter, zappliger Mann ins Wort: „Nun wartet mal, was habe ich nur gehört?“

„Unterbrecht nicht, Reb Jossel“, verlangten die Leute. „Still! Nun, Reb Bär?“

„Also, man erzählt es so“, begann Reb Bär gelassen und zerkaute jedes Wort, bevor er es aus dem Munde ließ. „Draußen in der Welt, das heißt, bei den Leuten auf den Jahrmärkten, sagen sie: Montefiore sah, daß es schlimm stand. Da kam er mit folgendem Projekt: ‚Majestät‘, sagte er, ‚verkaufe mir deine Juden. Ich werde für sie soundso viel Millionen geben.‘“

„Hunderttausend, habe ich gehört, hunderttausend Millionen!“ fiel ihm

Reb Jossel wieder ins Wort. Es war ihm nicht so sehr um den Betrag zu tun als darum, den Leuten zu zeigen, daß auch er wisse, was in der Welt vorgeht.

„Na, was hat das zu sagen", sagte Reb Bär, zog die Nase kraus und erzählte weiter. „,Meinetwegen!' sagte der Kaiser kurz, sie verpflichteten sich durch Handschlag, und Montefiore gab inzwischen eine Anzahlung."

„Gott behüte, hunderttausend Millionen in bar, sofort in bar!" begann Reb Jossel loszuschaukeln, als ob er mit jemandem über Probleme des Talmuds diskutierte.

„Aber, bitte, Reb Jossel, leise!" baten ihn alle höflich um Schweigen.

„Kurz, er gab inzwischen eine Anzahlung", erzählte Reb Bär ruhig weiter und kümmerte sich nicht um Reb Jossel, „und die Restsumme verpflichtete er sich, zum Termin beim Empfang der Ware, der Juden nämlich, zu begleichen. Damit verabschiedeten sie sich: ‚Lebewohl!' – ‚Glückliche Reise!' Nach dem Frühstück ging der Kaiser, wie es der Brauch ist, in den Senat und war sehr guter Dinge. ‚Majestät', fragte ihn der Minister, ‚was gibt es, warum bist du heute so guter Dinge?' – ‚Soundso ist die Geschichte', antwortete ihm der Kaiser lächelnd, ‚ich habe ein gutes Geschäftchen gemacht, ich habe meine Jüdchen für soundso viel verkauft.' – ‚Majestät!' fuhr der Minister sehr erschrocken auf. ‚Was hast du getan?! Das war ein irriger Kauf!' Und er bewies ihm sofort aus den Rechnungsbüchern, daß die Zinsen einer solchen Ware, der Juden nämlich, in einer bestimmten Anzahl von Jahren den Preis der ganzen Ware um eine sehr hübsche Summe und noch um einen Batzen drüber überschreiten. ‚Was ist zu tun?' fragte der Kaiser. ‚Gesagt ist gesagt, und das Wort des Kaisers ist doch Gesetz. Bitte, sag doch, du hast einen staatsmännischen Kopf auf den Schultern, schaff vernünftigen Rat!' – ‚Majestät!' meinte der Minister, nachdem er sich eine Zeitlang besonnen hatte. ‚Es gibt einen Ausweg. Erlaß sogleich einen Befehl, daß die Juden neumodische Kleidung zu tragen haben.' – ‚Reim dich oder ich freß dich!' sagte der Kaiser. ‚Was hat das eine mit dem andern zu tun?' – ‚Ganz einfach!' antwortete der Minister, blinzelte dem Kaiser zu und deutete ihm mit seinen Händen an, was er meinte: ‚In fremder Kleidung, verstehst du, sieht das schon ganz anders aus...' – ‚Oh, oh, schlau!' verstand ihn der Kaiser plötzlich. ‚Du verdienst eine goldene Medaille für den Rat!' – Nun hört, meine Herren, das Ende", sagte Reb Bär und begann die Pfeife mit einem Draht von der Asche zu reinigen. „Genau zur bestimmten Zeit kam natürlich Montefiore."

„Nein, anders, er kam nicht, er ließ vorher sagen...", konnte Reb Jossel nicht an sich halten, schaukelte los und fiel ihm wieder ins Wort.

„Still, bitte! Haltet ein wenig an Euch und unterbrecht nicht, Reb Jossel!"

baten die Leute, die sehr gespannt auf den Schluß waren. „Nun, Reb Bär, nun, nun."

„Also er kam", begann Reb Bär wieder seine Erzählung, dehnte die Worte, als wollte er Reb Jossel ärgern, und grinste vor Vergnügen, „also er kam, wie ich's euch hier erzähle, zum Termin und sprach folgendermaßen: ‚Majestät! Hier hast du das Restgeld und laß mich gemäß dem Depositarschein die Ware – die Juden nämlich – nehmen.' – ‚Oh', sagte der Kaiser, ‚gerne, geh bitte, und wo du einen Juden siehst, da nimm dir nur deine Ware, im Namen des Gottes Israels.' Montefiore ließ sich nicht lange bitten und ging. Er ging in eine Stadt – nichts zu finden, in eine andere – wieder nichts. Schließlich nach Dümmingen – auch nichts. Keine Spur von einem Juden. Alle Juden trugen neumodische Kleidung und waren als Juden nicht zu erkennen."

„Oh – ach – ach – oh!" sagten die Leute verwundert. „Also, das erzählt man sich, sagt Ihr! Da muß was daran sein, wenn's alle erzählen!"

„Bah!" sagte Reb Chajim und lächelte. „Es ist nicht immer wahr, was in der Welt umgeht. Es ist Rederei." An seinem verzogenen Gesicht war zu sehen, daß ihm das Gehörte nicht zusagte.

„So oder so – aber vorläufig steht's schlecht", sagte man und stöhnte. „Das Gesetz ist ja da! Meinetwegen, der Kaftan mag schon geduldet werden, man wird einen Schlitz hineinschneiden müssen, und der Rock wird von einem Einschnitt hinten auch nicht zum Teufel gehen. Aber eine Schirmmütze, um Gottes willen, eine Schirmmütze!... Reb Chajim, habt Ihr keinen Rat, nun, was meint Ihr, Reb Chajim?"

„Ich denke", antwortete Reb Chajim, nachdem er einige Minuten geschwiegen und sich die Stirn gerieben hatte, „ich denke daran, was die Weisen in ihrer Weisheit nicht alles im Notfall für Maßregeln getroffen haben. Zum Beispiel darf man am Schabbes doch nichts tragen – da lassen sie eine Schnur spannen – und man kann tragen. Man darf keine Zinsen nehmen – da haben sie die ‚Zinserlaubnis' geschaffen – und man kann es tun! Es gibt einen Ausweg! Sagt mir, meine Herren, was ist ein Klappenhut?"

„Wie meint Ihr?" fragten alle erstaunt zu gleicher Zeit. „Ein jüdischer Klappenhut ist ein Klappenhut. Wer kennt denn den Klappenhut nicht, den jüdischen Wochentagshut?!"

„Bitte, Reb Jossel, gebt uns Euren Hut als Muster", sagte einer, streckte die Hand aus und nahm ihm wie im Scherz den Hut ab.

„Euer Hut ist neu und schön. Seht, der Hut da hat von beiden Seiten aufgestellte, mit Werg ausgestopfte Klappen aus Maulwurfsfell, und vorne über der Stirn ist er von der einen Klappe zur andern mit einem schmalen Pelzstreifen belegt, der unten und oben gut festgenäht ist."

„Nun also", lächelte Reb Chajim mit einer Falte im Gesicht, „was soll die Aufregung? Wo steht denn geschrieben, daß der vordere Streifen oben und unten an den Hut genäht sein muß? Man wird ihn eben nicht am Oberteil, sondern nur unten festnähen, so daß man ihn hinunterklappen kann. Wenn man will, dann ist es ein ehrlicher jüdischer Hut von heute – und wenn man will, so klappt man den Streifen hinunter, dann wird er ein Schirm – und man ist allen gerecht geworden. Und was kann man einem Juden mit einer solchen Mütze anhaben? Er hat sich ja angepaßt!"

„Ja, ‚wo die Tora ist, da ist auch Weisheit.' Lange mögt ihr leben, Reb Chajim!" sagten die Leute sehr zufrieden und überhäuften ihn mit Glückwünschen.

Diese Art Hut mit dem klappbaren Schirm fand hernach in ganz Israel Eingang und ist noch heute bei allen frommen Juden als „Napoleonshut" bekannt. Aber die Welt soll es erfahren, daß diese Mütze im Städtchen Armleuten geboren wurde, und die Geschichte soll es auf den Namen des Reb Chajim verzeichnen, des ersten, der sie ins Dasein rief. – Es ist möglich, daß Napoleon einen Hut von dieser Form getragen hat. Ganz sicher ist aber, das kann man beschwören, daß Reb Chajim mit Napoleon in gar keiner Beziehung stand und seinen Hut niemals vor Augen hatte.

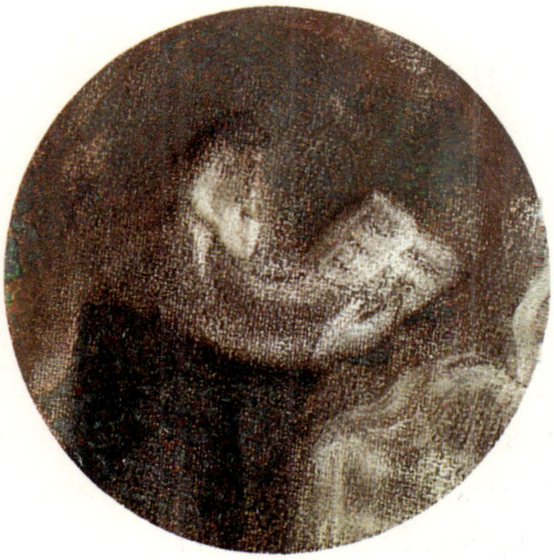

JIZCHOK LEIB PEREZ

Im Postwagen

I

Er hatte mir alles auf einmal, in einem Atemzuge erzählt. In einer Minute hatte ich erfahren, daß er Chajim heißt, Joine Hrubjeschowers Schwiegersohn und Berl Konskiwolers Sohn ist und daß seine Mutter, sie ruhe in Frieden, eine Schwester des Reichen Meierstein aus Lublin war. Sein Onkel führt aber schon ein gojisches Haus. Ob man bei ihm treife ißt, weiß er nicht bestimmt, aber daß man sich mit ungewaschenen Händen zu Tisch setzt, das hat er mit eigenen Augen gesehen.

Es sind, sagt er, ganz andere Menschen: Lange Handtücher liegen auf den Treppen, und ehe man ins Haus kommt, muß man läuten; auf dem Boden liegen bemalte Tischtücher ausgebreitet; die Menschen sitzen wie im Gefängnis da und schleichen wie Diebe umher... Und überhaupt, sagt er, ist es im Hause so still, wie – Gott behüte uns davor – unter Taubstummen...

Sein Weib hat Verwandte in Warschau, aber er verkehrt bei ihnen nicht; die Leute sind ebensolche Bettler wie er. ,,Was taugen sie mir?..."

Beim Lubliner Onkel geht es zwar nicht so zu, wie Gott es geboten hat, dafür ist er aber ein reicher Mann. Und wenn man sich an einem Fetten reibt, wird man selbst fett. Wo man Holz hackt, fliegen die Späne, und wo es ein Festessen gibt, fällt auch mancher Knochen vom Tisch... Aber die andern sind ja einfach Bettler!

Er hat sogar Aussicht, mit der Zeit eine Anstellung beim Lubliner Onkel zu bekommen. Die Geschäfte, sagt er, gehen schlecht. Augenblicklich handelt er mit Eiern; er kauft sie in den Dörfern auf und verkauft sie nach Lublin. Von dort gehen sie nach London. ,,Man sagt, daß man sie dort zum Ausbrüten in einen Kalkofen legt. Es wird wohl eine Lüge sein. Ich meine, die Engländer essen einfach gerne Eier! So oder so, das Geschäft ist augenblicklich flau."

Aber immer noch besser als Getreidehandel! Beim Getreidegeschäft geht man einfach zugrunde. Bald nach seiner Hochzeit wurde er Getreidehändler. Da er davon nichts verstand, gab man ihm einen alten Kaufmann zum Kompagnon. Und dieser Kaufmann hat ihn bis aufs Hemd ausgezogen, einfach gemordet hat er ihn.

II

Im Postwagen war es dunkel, und ich konnte Chajims Gesicht nicht sehen. Ich kann auch heute nicht begreifen, wieso er in mir einen Juden erkannte. Als er einstieg, saß ich im Winkel und schlummerte. Erst als er zu reden begann, wurde ich wach. Im Schlafe spreche ich niemals. Vielleicht habe ich nur einen jüdischen Seufzer von mir gegeben? Vielleicht hat er gefühlt, daß mein Seufzer und der seinige die gleichen Seufzer sind?

Er hat mir sogar erzählt, daß sein Weib aus Warschau stammt und daß das Leben in Konska-Wolja ihr auch heute noch nicht schmeckt.

,,Geboren ist sie, versteht Ihr mich, in Hrubjeschow, aber erzogen wurde sie in Warschau. Bei der treifenen Familie war sie als armes Waisenkind aufgewachsen."

In Warschau hat sie für andere Dinge Geschmack bekommen. Sie spricht gut Polnisch und liest fließend deutsche Adressen. Sie sagt sogar, daß sie zu spielen versteht, nicht Geige, aber irgendein anderes merkwürdiges Instrument.

,,Und wer seid Ihr?" fragt er mich plötzlich und packt mich bei der Hand.

Von Einschlafen ist nicht mehr die Rede, außerdem interessiert mich der Mann. Ein junger Mann aus einer Kleinstadt, sein Weib ist in Warschau erzogen, und das kleinstädtische Leben schmeckt ihr nicht. Daraus läßt sich vielleicht etwas machen, denke ich mir. Ich muß noch mehr erfahren, ein wenig hinzudichten, vielleicht wird ein Roman daraus. Ich werde irgendeinen Verbrecher, einen Zuchthäusler und ein paar Bankrotte hinzutun, und dann kann es recht interessant werden.

Ich beuge mich zu meinem Reisegenossen vor und sage ihm, wer ich bin.

„So“, sagt er, „Euch gibt es wirklich?! Sagt mir, ich bitte Euch, wie hat der Mensch Zeit und Kopf, um sich hinzusetzen und Geschichten zu erfinden? Ihr habt wohl mal eine große Erbschaft gemacht und lebt von den Zinsen?“

„Gott behüte, meine Eltern sind noch am Leben, bis hundertzwanzig Jahre...“

„Dann habt Ihr etwas in der Lotterie gewonnen!“

„Auch nicht.“

„Was dann?“

Ich wußte wirklich nicht, was ich ihm darauf antworten sollte.

„Lebt Ihr also davon?“

Ich gebe ihm die echt jüdische Antwort: „Pah!“

„Und das ist Euer ganzes Einkommen, ganz ohne Zuschüsse?“

„Vorläufig.“

„So, so! Was bringt's Euch, bitte, ein?“

„Sehr wenig!“

„Ist auch dies Geschäft faul?“

„Tot.“

„Schlechte Zeiten!“ sagt er seufzend.

Einige Minuten ist es still, mein Reisegenosse kann aber nicht schweigen.

„Sagt mir, ich bitte Euch, was taugen alle diese Geschichten? – Ich meine nicht Euch, fern sei es mir“, korrigiert er sich. „Gott behüte! Wenn ein Jude was verdienen will, so zapft er es aus der Wand, für mich ist das gar keine Frage. Was tut man nicht alles des Verdienstes wegen? Ich habe zum Beispiel keine Gelegenheitsfuhre bekommen und muß darum mit der Post fahren, Gott allein weiß, ob ich hier nicht auf Schatnes sitze. Ich meine aber die andern Leute, was taugen ihnen die Geschichten? Was für einen Wert haben sie? Was steht in allen diesen Geschichtenbüchern?“

Er wartet aber meine Antwort gar nicht ab und gibt selbst die Erklärung: „Es ist wohl eine solche Mode, wie die Krinolinen, etwas für die Weiber!“

„Und Ihr?“ frage ich ihn. „Habt Ihr denn noch niemals so ein Geschichtenbuch gelesen?“

„Euch darf ich es ja sagen: Eine Ahnung habe ich schon davon, vielleicht so viel.“

Wahrscheinlich maß er bei diesen Worten ein Endchen von seinem Finger ab, den Nagel mit einem Stückchen Fleisch; im Postwagen war es aber finster, und ich konnte es nicht sehen.

,,Habt Ihr also doch Interesse dafür gehabt?"

,,Ich? Gott behüte! Alles mein Weib! Die Geschichte war, versteht Ihr mich, so: Es sind wohl fünf oder sechs, ja, genau sechs Jahre her, es war ein Jahr nach der Hochzeit. Wir hatten damals noch Kest gegessen. Da traf es sich einmal, daß meine Frau etwas unwohl war, nicht etwa krank, Gott behüte, aber nicht ganz beisammen. Nun fragte ich sie, was ihr fehlt. – Ich weiß eigentlich nicht, wozu ich Euch mit diesen Sachen den Kopf wirr machen soll?" besinnt er sich plötzlich.

,,Im Gegenteil!" sage ich ihm. ,,Erzählt es nur, Herr Vetter."

Mein Reisegenosse lacht.

,,Braucht man denn nach Ägypten Stroh zu tragen? Braucht Ihr meine Geschichten? Könnt Ihr Euch nicht selbst welche ausdenken?"

,,Erzählt nur, Herr Vetter, erzählt."

,,Für die andern schreibt Ihr wohl lauter Lügen, und für Euch selbst wollt Ihr die Wahrheit?"

Daß man auch die Wahrheit schreiben kann, kam ihm offenbar gar nicht in den Sinn.

,,Gut", sagt er, ,,von mir aus..."

III

,,Also", beginnt mein Reisegenosse, ,,vor Euch brauche ich mich doch nicht zu schämen. Wir waren beide jung, wohnten in einem Zimmer, und ich kümmerte mich damals mehr um solche Dinge. Frage ich sie also, was ihr fehlt, fängt sie zu weinen an.

Ich hatte großes Mitleid mit ihr. Sie ist ja nicht nur, unberufen, bis hundertzwanzig Jahre, mein Weib, sondern auch noch eine Waise. Ganz allein und verlassen in der Fremde!"

,,Was heißt verlassen?" wundere ich mich.

,,Meine Mutter, sie ruhe in Frieden, versteht Ihr mich, war zwei Jahre vor meiner Hochzeit verschieden, und mein Vater, er ruhe in Frieden, hatte sich nicht wieder verheiratet.

Meine Mutter, ihre Verdienste mögen uns beistehen, war eine fromme und tugendhafte Frau gewesen, und mein Vater konnte sie nicht vergessen. Stellt Euch nur vor: das einzige Frauenzimmer im Hause. Mein Vater, er ruhe in Frieden, hat für sie niemals Zeit gehabt. Fast die ganze Woche war er in den

Dörfern unterwegs, er handelte mit allen Dingen, die Ihr nur wollt, mit Eiern, Butter, Lumpen, Borsten, Leinwand."

,,Und Ihr selbst?"

,,Ich saß im Lehrhaus und lernte. Nun, dachte ich mir, das Weib sitzt allein zu Hause, also fürchtet sie sich. Warum muß sie aber gleich weinen? Nein, sagt sie, sie langweile sich! Sie langweilt sich? Was heißt das? Ich sehe, daß sie wie im Schlaf herumwandelt. Wenn man zu ihr spricht, hört sie es nicht. Sie sitzt da und starrt auf die Wand. Oder sie bewegt die Lippen, aber man hört keine Stimme. Was heißt, sie langweilt sich? Das sind so Weibergeschichten. Die Weiber sind doch wirklich ein merkwürdiges Volk. Ein Mannsbild langweilt sich niemals. Ein Mannsbild ist entweder hungrig oder satt, entweder hat er ein Geschäft, oder er sitzt im Lehrhaus, und wenn nichts von beiden, so schläft er. Und wenn noch etwas Zeit übrigbleibt, so raucht er eine Pfeife. Aber sich langweilen?"

,,Bedenkt doch", sage ich ihm, ,,daß eine Frau weder die Tora hat noch die Gemeindegeschäfte, noch die sechshundertdreizehn Gebote."

,,Das wird wohl auch der Grund sein. Ich kam bald darauf, daß die Langweile eine Art Nichtstun ist, ein Müßiggehen, bei dem man schier verrückt wird. Unsere Weisen haben das, Gott sei Dank, längst gewußt. Kennt Ihr Euch in den kleinen Buchstaben aus? Nichtstun führt zu nichts Gutem! Nach dem Gesetz darf ein Weib gar nicht müßig gehen. Sag ich ihr darum: Tu etwas! Sagt sie, sie will lesen!

,Lesen' war mir ein ganz fremdes Wort. Man wußte damals zwar schon, daß bei denen, die schreiben können, lernen ,lesen' heißt – das eine sei vom andern wohl unterschieden! – Sie ,lesen' Bücher und Zeitungen. Damals wußte ich aber noch nicht, daß sie so gelehrt ist. Sie pflegte mit mir noch weniger zu sprechen als ich mit ihr! Sie ist zwar eine stattliche, große Frau, hält aber den Kopf immer gesenkt, die Lippen zusammengepreßt, als könnte sie nicht bis drei zählen. Sie war auch sonst still wie ein Lamm! Und ihr Gesicht war immer so bekümmert, als ob ihr ein Schiff mit Sauermilch untergegangen wäre. Sie will, sagt sie, lesen. Und was? Polnisch, deutsch, sogar jiddisch, ganz gleich, was, aber lesen muß sie.

Bei uns in Konska-Wolja wußte man damals überhaupt nicht, was ein Buch ist! Ich habe aber Mitleid mit ihr und kann ihr die Bitte nicht abschlagen. Also verspreche ich ihr, wenn ich wieder einmal zum Onkel nach Lublin fahre, von dort Bücher mitzubringen.

,Und du, hast du gar nichts zum Lesen?' fragt sie mich.

,Ich? Gott behüte!'

,Was tust du denn den ganzen Tag im Lehrhaus?'

,Ich lerne.'

‚Ich will auch lernen', sagt sie zu mir.

Ich gebe ihr zu verstehen, daß die Gemara – sie sei davon wohl unterschieden – kein Geschichtenbuch ist, daß es nichts für Weiber ist, daß es in der Gemara einen Hinweis darauf gibt, daß Weibsbilder nicht lernen dürfen, und daß die Gemara in der heiligen Sprache geschrieben ist.

Es half mir aber alles nichts! Hätte man das in Konska-Wolja erfahren, so hätte man mich sicher gesteinigt, und es wäre mir recht geschehen! Ich will Euch nicht lange damit aufhalten, ich will es Euch ganz kurz erzählen: Sie hat mich so lange gebeten, hat so viel geweint und ist so oft in Ohnmacht gefallen, bis sie es schließlich erreichte, daß ich mich mit ihr jeden Abend hinsetzte und ihr ein Blatt Gemara übersetzte. Ich wußte es aber schon vorher, womit das enden wird."

„Und womit endete es?"

„Fragt lieber nicht danach. Ich übersetzte ihr ein Blatt aus dem Traktat ‚Von den vier Arten von Schädigungen' mit Raschi, Tossafot und allen Kommentaren. Ich leierte es herunter, und sie schlief dabei Abend für Abend ein. Es ist doch nichts für Weiber!

Nun hatte ich das Glück, daß bei einem der großen Schneestürme, die es jenen Winter gab, ein Bücherhausierer sich zu uns nach Konska-Wolja verirrte. Und ich kaufte ihr einen ganzen Zentner Geschichtenbücher. Nun war es umgekehrt, sie las mir vor, und ich schlief dabei. Ich weiß bis heute nicht, was alle diese Geschichtenbücher taugen. Für ein Mannsbild sind sie sicher nichts! Vielleicht schreibt Ihr auch nur für Weiber?"

IV

Inzwischen begann es zu tagen.

Im finstern Postwagen tauchte das gelbe, lange und magere Gesicht meines Reisegenossen auf; ich sah ein Paar gesenkte, müde, rote Augen.

Er wollte offenbar das Morgengebet verrichten und begann die angelaufene Fensterscheibe des Postwagens zu reiben. Ich unterbrach ihn aber: „Sagt mir bitte, Herr Vetter, ist Euer Weib jetzt zufrieden?"

„Was heißt zufrieden?"

„Langweilt sie sich nicht mehr?"

„Jetzt hat sie einen Stand auf dem Markt und verkauft Salz und Heringe. Ein Kind hat sie an der Brust, zwei Kinder muß sie kämmen und waschen! Es bleibt ihr kaum Zeit übrig, ihnen die Nasen zu schneuzen."

Er beginnt wieder die Scheibe zu reiben, und ich unterbreche ihn noch einmal: „Sagt mir nur, Herr Vetter, wie sieht Euer Weib aus?"

Mein Reisegenosse steht auf, blickt mich von der Seite an, mustert mich vom Kopf bis zu den Füßen und fragt streng: „Was ist, kennt Ihr mein Weib? Vielleicht noch aus Warschau?"

„Gott bewahre", antworte ich ihm. „Ich frage nur so. Vielleicht komme ich einmal nach Konska-Wolja, dann werde ich sie erkennen können."

„So, Ihr wollt sie erkennen!" lächelt er beruhigt. „Von mir aus! Da habt Ihr ein Kennzeichen: Sie hat links an der Nase ein Muttermal."

V

Der Mann stieg aus dem Postwagen und verabschiedete sich von mir, auf dem Wagentritt stehend, recht kühl.

Er hatte mich offenbar in Verdacht, daß ich seine Frau kenne und vielleicht sogar zu ihrer treifenen Verwandtschaft gehöre.

Ich blieb allein im Wagen, konnte aber nicht mehr einschlafen. Die Morgenkühle ging mir durch Mark und Bein. Der frische Wind stahl sich unter meinen ungefütterten Dichtermantel. Ich drückte mich in eine Ecke und duckte mich ganz zusammen. Draußen ging eben die Sonne auf. Es ist möglich, daß ich durch die herrlichste Gegend fuhr und daß die ersten Morgenstrahlen die Gipfel der Berge und Wipfel der Bäume küßten oder sich in einem blanken blauen See spiegelten. Ich hatte nicht den Mut, das Wagenfenster aufzumachen.

Ein jüdischer Dichter hat großen Respekt vor Kälte. Ich versuchte, wie sich jener Mensch ausdrückte, eine Geschichte zu erfinden, aber andere Gedanken zogen mir durch den Sinn.

Zwei verschiedene Welten, dachte ich mir, eine Männerwelt und eine Weiberwelt. Eine Welt mit dem Traktat „Von den Schädigungen" und eine Welt mit Geschichtenbüchern, die man nach Gewicht kauft!

Liest er, so schläft sie; liest sie, so schläft er. Wir haben wohl zuwenig Sekten? Es genügt wohl nicht, daß wir Juden in „Französische Nasen", „Englische Stecken", „Litauische Schweine", „Palästinensische Bettler" und so weiter zerfallen. Es genügt wohl nicht, daß jedes Glied unseres Körpers in einem andern Stall liegt und einen andern wohlklingenden Beinamen hat; es genügt wohl nicht, daß auch jedes Glied für sich aus getrennten Teilen besteht: Chassidim, Misnagdim, Assimilierten... Nun müssen wir uns auch noch in Männer und Weiber scheiden, so daß es in jedem einzelnen feuchten, engen, schmutzigen jüdischen Hause zwei verschiedene Welten gibt...

Liest er, so schläft sie; liest sie, so schläft er.

Und ich denke mir, man sollte doch diese beiden Welten einander nahebringen.

Das wäre eine Aufgabe für den jüdischen Schriftsteller. Aber die jüdischen Schriftsteller haben auch so Verpflichtungen genug. Wenn man wenigstens einen Zuschuß hätte.

VI

Der Postillon unterbrach meine Gedanken mit einigen schrillen Tönen. Ich war im Wagen sitzen geblieben und hatte mich doch etwas erwärmt, die Sonne begann zu zeigen, daß sie mit ihren Strahlen nicht geizt.

Ich bekam einen neuen Reisegenossen. Im hellen Morgenlicht konnte ich ihn genau sehen und erkannte in ihm sogar einen alten Bekannten, mit dem ich als Kind oft gespielt hatte. Wir hatten einst aus Sand Brote gebacken und waren beinahe gute Freunde gewesen.

Ich kam aber später in den schmutzigen, finstren Cheder und er auf das freie, helle Gymnasium. Wenn ich etwas nicht wußte, schlug man mich, und wenn ich eine Frage richtig beantwortete, kniff man mich in die Wange; in jedem Falle tat es weh. Er bekam aber in dem einen Falle Karzer und in dem andern Falle eine Eins. Ich zerbrach mir den Kopf über schwierige Talmudstellen und er über griechische und lateinische Vokabeln. Er lehrte mich aber heimlich Polnisch lesen und brachte mir manchmal Bücher. Als wir schon etwas älter waren, unterhielten wir uns stundenlang, im grünen Grase am Flusse liegend, über unsere großartigen Pläne. Ich wollte ein Pulver erfinden, mit dem man auf Entfernungen von tausend Meilen schießen kann; er aber einen Ballon, um zu den Sternen hinaufzufliegen. Wir beide hatten großes Mitleid mit der unglücklichen Welt und zerbrachen uns den Kopf, wie man die verfahrene Karre aus dem Schmutz herausziehen könnte. Die Räder sind nicht geschmiert, die Pferde faul, und der Kutscher schläft!

Später heiratete ich, und er ging auf die Universität. Wir korrespondierten nicht miteinander. Auf Umwegen erfuhr ich, daß er irgendein Malheur gehabt hatte und statt Arzt Apotheker in einer kleinen Stadt geworden war.

Als er in den Postwagen stieg, wollte ich im ersten Augenblick vor Freude aufspringen. Es wurde mir so warm ums Herz. Ich wollte ihm schon beide Hände entgegenstrecken, mein ganzes Wesen fühlte sich zu ihm hingezogen, ich beherrschte mich aber und blieb ruhig sitzen. Wer weiß? sagte ich mir. Er ist zwar wirklich Janek Polniewski, der Sohn unseres früheren Gutsverwalters; er ist zwar mein alter Freund; früher einmal hatte er ein weites Herz und wollte die ganze Welt umarmen und jedes ihrer Glieder abküssen, mit Ausnahme jener häßlichen Auswüchse, die man wegschneiden muß.

Aber – wer kann es wissen. Die Zeiten haben sich verändert. Vielleicht ist er schon Antisemit, vielleicht steht er heute auf dem Standpunkte, daß wir Juden jene Auswüchse sind, die die schöne europäische Nase verunstalten und die man wegschneiden muß. Vielleicht wird er mich mit einem kalten Blick messen, vielleicht wird er mich sogar umarmen, aber hinterher sagen, daß ich nicht wie die andern Juden bin.

Ich hatte mich geirrt. Polniewski erkannte mich, fiel mir sofort um den Hals und fragte mich, ehe ich noch Zeit hatte, den Mund zu öffnen, was ich zu der antisemitischen Bewegung sage...

VII

„Es ist“, sagt er, natürlich auf polnisch, „es ist eine Art Cholera, eine Epidemie.“

„Viele meinen, es sei im Grunde eine politische Bewegung.“

„Glaub nur nicht daran“, meint Polniewski. „Die Politik schafft keine neuen Tatsachen. Sie kann nur die bereits vorhandenen Tatsachen ausnützen, sie kann die einen unterdrücken und die andern unterstreichen. Sie kann einen schwachen Funken zu einem höllischen Feuer anfachen. Sie selbst kann aber keinen eigenen Funken erzeugen. Die Menschennatur und nicht die Politik spinnt die Fäden der Weltgeschichte, die Politik verdreht und verwirrt sie nur! Der Antisemitismus ist eine Krankheit. Die Politik steht am Krankenbette wie ein schlechter und dummer Arzt, der die Krankheit in die Länge ziehen will. Die Politik nützt nur den Antisemitismus aus. Ein Stein fliegt durch die Luft, und der Politiker lenkt ihn so, daß er in das Fenster einer Synagoge hineinfliegt, sonst würden andere Fensterscheiben entzweigehen. Irgendwo erhebt sich eine protestierende Faust, und man schiebt ihr sofort eine magere, geduckte jüdische Schulter unter. Täte man es nicht, würden andere Knochen zermalmt werden. Aber die Faust, der Stein, die Feindschaft, der Haß waren schon vorher da. Wer stirbt zuerst an der Epidemie? Schwache Kinder, alte und kränkliche Menschen. Wer fällt einer moralischen Seuche zum Opfer? Das Kind des Pöbels, der abgelebte Aristokrat und einige Verrückte, die plötzlich auftauchen und die kranke Gesellschaft in einem wilden Reigen führen. Menschen mit gesunden Gehirnen bleiben aber verschont.“

„Wieviel gesunde Gehirne gibt es denn?“ frage ich ihn.

„Wieviel? Leider sehr wenig!“ antwortet mir Polniewski.

Nun saßen wir beide stumm und traurig da. Was sich mein Reisegenosse dachte, weiß ich nicht, ich dachte mir aber, daß selbst die gesunden, eisernen

Gehirne angesteckt sind. In der Weltgeschichte gibt es zweierlei Perioden: Einmal führt der Beste und Klügste die Massen, und einmal führen die Massen den Besten und Klügsten. Der Führer ist ein Kolumbus, der für die Menschheit ein neues Glück, ein neues Amerika sucht. Wenn aber auf dem Schiffe Brot und Wasser ausgehen, empört sich die Mannschaft und übernimmt die Führung! Und dann muß vor allen Dingen jemand geschlachtet werden, denn man braucht Fleisch zum Essen und muß auch die Mordlust stillen.

VIII

„Glaube nur nicht", unterbricht Polniewski meine traurigen Gedanken, „daß ich mir etwas einbilde und mich für einen der starken Geister halte, die der Epidemie Widerstand leisten, für einen Eichbaum, über den der Sturm keine Gewalt hat. Nein, Bruder, ich zähle nicht zu den Helden. Vielleicht wäre ich wie die andern gewesen, und der Wind hätte auch mich wie ein Blatt vom Baume der Erkenntnis gerissen und durch die Luft gewirbelt, und ich hätte dann ebenso wie die andern welken Blätter geglaubt, daß wir auf einem Ball sind und mit großer Lust tanzen und daß der Wind der von uns gedungene Spielmann ist, der uns zum Tanze aufspielt. Mich rettete aber ein Zufall; ich lernte ein jüdisches Weib kennen. Höre die Geschichte."

Ich beugte mich zu meinem Reisegenossen vor. Sein Gesicht wurde noch ernster, noch finsterer, er stützte die Ellenbogen auf die Knie und den Kopf in die Hände.

„Glaube nur nicht", sagte er, „daß ich eine Romanheldin, eine Frau mit eisernem Charakter, die jede Mauer einrennt, jeden Zaun zerreißt und stolz ihren Weg geht, kennengelernt habe oder eine ‚ungewöhnliche Frau' mit großer Bildung, neuen Ideen oder überhaupt einem ‚Ideal'. Nein, ich lernte eine ganz gewöhnliche Jüdin kennen, eine von den besseren und zugleich von den unglücklichsten. Ich hatte sie liebgewonnen – das muß ich dir gleich sagen. Und wenn ich etwas Schlechtes über die Juden im allgemeinen höre oder lese, taucht sie sofort mit ihren traurigen feuchten Augen vor mir auf und bittet mich: ‚Glaube es nicht! Ich bin nicht so!'"

Er hält inne und versinkt in Gedanken.

„Die Geschichte war sehr einfach", fährt er nach einer Weile fort. „Wir haben uns aber während dieser vielen Jahre nie geschrieben, und du weißt gar nicht, wie sich mein Leben gestaltet hat. Ich werde es dir ganz kurz erzählen. Ich fahre ja nur bis Lukow.

Aus dem Gymnasium kam ich auf die Universität, wo ich Medizin studierte. Ich habe mein Studium nicht abgeschlossen. Schuld daran waren zum Teil meine Freunde, zum Teil die Lehrer, am meisten aber ich selbst. Ich mußte die Universität verlassen, Apotheker werden, heiraten und mit der Mitgift meiner Frau in einem kleinen Städtchen eine Apotheke gründen, einen Kaufladen mit Pillen und Rizinusöl.

Ich hatte Glück. Mein Schwiegervater war anständig genug, mir die Mitgift sofort nach der Hochzeit zu bezahlen. Meine Frau war gut und hübsch, und die Kleinstadt gar nicht so übel. Meine Frau hieß Maria. Ich sehe ihr Bild auch jetzt vor mir. Sie wendet sich unbeholfen vom Spiegel weg und sieht mich an. Ihre goldenen Locken wollen sich dem Kamm nicht fügen und fließen frei und lustig nach allen Seiten, statt den Kopf zu umkränzen, wie es damals die Mode verlangte. Schlank war sie und hatte so gütige, herzliche, lachende himmelblaue Augen.

Das Geschäft nahm uns fast gar nicht in Anspruch. Das Städtchen war arm, und eine Apotheke ohne einen Arzt ist nicht viel wert. Wir hatten fast nichts zu tun und lebten wie im Paradiese. Im Sommer saßen wir ständig auf der Veranda, Hand in Hand, Auge in Auge, Lippe an Lippe.

Was konnte uns ablenken? Wir hatten keinerlei Sorgen. Ausgehen? Wohin? Von der Veranda aus sahen wir fast die ganze Stadt, die niederen schiefen Häuschen mit den schwarzen hölzernen Giebeln, die sich mitleidig über die Brezel- und Obsthändlerinnen neigten, die vor den Häusern ihre Verkaufsstände hatten. Als ob sie die eingeschrumpften, ausgetrockneten alten Gesichter vor der Sonne schützen wollten.

Das Städtchen war früher einmal wohlhabend gewesen und die Dachböden mit Getreide und allerlei Obst angefüllt, der Markt voller Fuhren, Bauern und Makler. Unter den weißen und grauen Bauernröcken tauchte manchmal auch ein reicher Gutsbesitzer auf. So wurde es mir wenigstens berichtet. Aber die neue Landstraße und die Eisenbahn hatten das Städtchen aus der Welt des Handels hinausgedrängt. Nun ist die Straße leer, und auf den Dachböden liegen nur noch faule Zwiebeln und Käselaibe, die einzige Erbschaft, die von den besseren Zeiten geblieben ist.

Die Armut ist schier unglaublich! Auf jeden Scheffel Korn, den ein Bauer auf den Markt bringt, stürzen sich sofort zehn Händler, die den Preis in die Höhe treiben. Während des Handels kommen sie miteinander überein, versprechen sich gegenseitig Abstandsgeld oder kaufen das Korn in Kompanie. Da beginnen aber alle zehn in den Taschen zu suchen, denn sie haben alle zusammen nicht so viel, um den Scheffel Korn zu bezahlen, und müssen sich das Fehlende gegen hohe Zinsen borgen.

Hundert Schneider für ein Paar Hosen, fünfzig Schuster für einen Flicken. Solche Armut habe ich noch nie gesehen.

Wir hielten uns vom Leben der Stadt so weit wie möglich abseits. Im Glück ist man ja immer egoistisch.

Uns gegenüber wohnte aber eine junge Frau, vielleicht achtzehn, höchstens zwanzig Jahre alt, und wir beide konnten von ihr keinen Blick wenden. Sie übrigens auch von uns nicht. Sie war eine seltene Erscheinung. Stelle es dir nur vor: ein herrliches Bild in einem so verkommenen Rahmen, wie ihn nur das Fenster eines kleinstädtischen jüdischen Hauses unter einem fürchterlich schiefen Dach bieten kann. Ein Paar traurige, verträumte, feuchte Augen in einem alabasterweißen Gesicht – unter einem Stirnband! Gott! Sie machte auf uns einen schrecklichen Eindruck. Stundenlang stand sie mit verschränkten Händen am Fenster und starrte auf uns oder auf die Sterne am Himmel und würgte ihre Tränen hinunter. Wir sahen, daß sie immer allein und verlassen war – eure Männer haben ja niemals Zeit! –, immer traurig und vergrämt. Ihr Unglück war ihr ins blasse Gesicht geschrieben. Sie war sicher aus der Fremde in dieses Städtchen verschlagen worden, stammte vielleicht aus besseren, freieren Verhältnissen und sehnte sich weit, weit fort. Ihr Herz sehnte sich nach einem freieren Leben, es wollte lieben und geliebt werden. Du kannst sagen, was du willst, aber ihr begeht oft das Verbrechen, eure Töchter zu verkaufen. Allerdings gewöhnen sie sich mit der Zeit an alles und vergessen ihr Unglück. Sie sind fromm, sie sind gut und geduldig. Wer kennt aber alle die bitteren Tränen, die ihre vergrämten Gesichter herabrollen, ehe die Augen trocken werden? Wer weiß, wie oft sich ihre Herzen zusammenkrampfen, ehe sie sich daran gewöhnen, bei lebendigem Leibe abzusterben? Und wofür müssen sie so leiden? Weil sie so gut und fromm sind?

Ihren Mann hättest du sehen sollen, ein gelber, krummer Kerl. Ich sah ihn bloß zweimal am Tage, morgens, wenn er wegging, und abends, wenn er heimkam.

Es ist wirklich ein Verbrechen!"

IX

Ihr werdet wohl begreifen, daß ich Polniewski darauf nichts erwidern konnte. Wir beide schwiegen eine Weile, und Polniewski fuhr in seiner Erzählung fort: „Einmal vermißten wir die Frau am Fenster. Sie war den ganzen Tag nicht zu sehen. Und wir sagten uns: Sie ist wohl krank. Gegen Abend kommt zu mir ihr Mann, das gelbe Scheusal, und verlangt eine Medizin.

‚Was für eine Medizin?'

‚Egal', sagt er, ‚irgendeine Medizin.'

‚Für wen?‘

‚Wozu müßt Ihr wissen, für wen? Für mein Weib!‘

‚Was fehlt ihr?‘

‚Ich weiß nicht. Sie sagt, das Herz tut ihr weh.‘

So lernte ich sie kennen. Ich will dich damit nicht lange aufhalten. Ich verstehe doch etwas von Medizin. Also ging ich zu ihr hin.“

Polniewski sprach jetzt nur noch mit halben Worten. Er suchte lange in seinen Taschen nach Zigaretten, dann nach Streichhölzern, machte seinen Reisekoffer auf und kramte darin einige Minuten herum.

Indessen kamen mir verschiedene Gedanken in den Sinn. Ich sah Polniewski mit anderen Augen an. Seine Erzählung tat mir weh. Wer kennt sich in einem Menschen aus? Wer weiß, was in ihm steckt? Er kam mir plötzlich vor wie ein christlicher Marder, der sich in einen jüdischen Hühnerstall hineinstiehlt. Er empört sich allzusehr über das Los der jüdischen Töchter, er sucht gar zu lange seine Streichhölzer. Er scheint sich vor mir zu schämen! Warum will er mich plötzlich nicht mehr lange aufhalten? Warum will er mir nicht alles mit allen Einzelheiten erzählen? Wer weiß, welche Rolle er in dieser Geschichte gespielt hat – vielleicht die alte Rolle der Schlange im Paradies? Würde ihn sein Gewissen davon abhalten? Warum denn? Sie ist ja doch nur ein jüdisches Weib! Um die ist es nicht schade... Einst pflegte man so eine zur Taufe zu verleiten, heute begnügt man sich damit, daß man sie gegen ihren Gott, gegen ihre Eltern, ihren Mann und gegen ihr ganzes Leben empört. Das nennt man Liberalismus: in ein Gefängnis kommen, einen Hauch frische Luft und ein paar Sonnenstrahlen mitbringen, den Sträfling aufwecken, ihm ein Stück Kuchen geben und dann wieder weggehen. Und gar nicht sehen, wie der Sträfling mit den Zähnen knirscht, wenn sich der verrostete Schlüssel im Schlosse umdreht, wie finster sein Gesicht wird, wie krampfhaft er plötzlich die dumpfe Luft schluckt, wie er sich die Haare rauft, oder – wenn er überhaupt noch weinen kann – sein verschimmeltes, von Mäusen benagtes Stück Brot mit Tränen begießt.

Das finstere, schlafende Herz einer jüdischen Frau wecken und eine süße Melodie darin erklingen lassen, ein neues, wildes, unbekanntes oder längst vergessenes Gefühl darin entzünden, sie küssen – und dann – adieu! Soll die Türe wieder ins Schloß fallen, soll ihr das Leben für immer vergällt werden!

Wir haben schon so viel Gift, Galle und Haß hinunterschlucken müssen, daß, wenn man uns ein Stück Brot mit Salz reicht, wir es für vergiftet halten. Und wenn auch die Hand vor Mitleid zittert, und wenn auch Tränen des Mitgefühls im Auge schimmern, und wenn auch die Lippen Worte des Trostes sprechen. Wir sind voller Mißtrauen. Auch wir sind angesteckt, die Epidemie hat auch uns nicht verschont!

Polniewski fand endlich seine Streichhölzer, und ich nahm von ihm recht ungern eine Zigarette an. Wir begannen zu rauchen, und die Postkutsche füllte sich mit blauen Rauchwolken. Ich folgte den Rauchringen mit den Augen und dachte mir: Auch Gut und Böse währen nicht länger!

„Wir lernten uns kennen", erzählte mir mein christlicher Reisegenosse weiter, „aber zu einer intimeren Freundschaft kam es nicht."

„Warum?" fragte ich überrascht.

„Aus der Entfernung sahen wir uns auch später als gute alte Freunde an, aber sie konnte weder zu uns ins Haus kommen, noch wir zu ihr. Das durfte sie unter keinen Umständen! Es ist ja ein unglaublich frommes Nest, und alle Männer außer dem Feldscher und einem jungen Damenschneider tragen lange Kaftane. Vielleicht gab es noch einen andern Grund, der uns davon abhielt, ich weiß es selbst nicht. Aber nicht davon spreche ich.

Ich erlebte inzwischen das schwerste Unglück, das einen Menschen treffen kann. Die Apotheke brachte so gut wie nichts ein, und meine Frau wurde krank. Ich sah ganz deutlich, wie sie langsam dahinstarb, aber ich konnte sie nicht mehr retten. Sie hätte nach Italien gehen müssen, unser Geld reichte aber nicht einmal für das Essen. Und die Schwindsüchtigen sind immer, wie du wohl weißt, voller Hoffnung und wollen an ihre Krankheit gar nicht glauben!

Ich mußte meinen ganzen Kummer unterdrücken, alle meine Sorgen vor ihr verheimlichen. Wenn mir das Herz verblutete, mußte ich lächeln, und meine Stirne mußte glatt sein! Alle Glieder erstarben in mir vor Gram, und ich mußte dabei Pläne fürs kommende Jahr machen und mit ihr von einem Umbau des Hauses und von der Anschaffung eines Klaviers sprechen."

Seine Stimme klang plötzlich ganz anders.

„Ich bin nicht imstande, dir alles zu erzählen, ich habe nicht die Kraft, die alten Schmerzen neu aufleben zu lassen. Aber mein Unglück brachte mich ihrem Unglück nahe. Und wir lernten uns noch näher kennen."

In der Ferne zeigte sich schon Lukow!

„In den paar Minuten, die wir noch zusammenbleiben, will ich dir nur sagen, daß ich in meinem Leben noch kein so unglückliches, dabei aber so gefühlvolles und mitleidsvolles Wesen gesehen habe wie diese junge Jüdin. Und alles war in ihr so einfach, natürlich und gar nicht überspannt.

Sie wich nicht von Marias Bett. Sie überredete ihren Mann, mir eine Geldsumme gegen nicht zu hohe Zinsen zu verschaffen. Sie war unsere Krankenschwester, unsere Wirtschafterin, unsere Köchin, unser ergebenster Freund! Und als Maria starb, war sie vielleicht noch untröstlicher als ich!

Damals kam ich zur Überzeugung, daß der Haß zwischen den Völkern nicht natürlich ist. Es gibt in der Welt viel Böses, Menschen, die temperamentvoller oder unglücklicher als die andern sind, wollen dagegen protestieren, aber der Schreiber, der politische Advokat hetzt sie gegen die Juden. Ich hatte ja gesehen, daß die Juden gar nicht unsere Feinde sind, daß wir friedlich nebeneinander leben können!"

Lukow kam immer näher, ich fürchtete aber noch immer für das Ende der Geschichte und unterbrach ihn: „Und was wurde aus dieser Jüdin?"

„Ich weiß es nicht. Ich begrub meine Frau, verkaufte die Apotheke, nahm von der Jüdin weinend Abschied und fertig. Nun wohne ich in Lukow, aber es geht mir auch jetzt nicht besser."

„Sag einmal, wie heißt das Städtchen, in dem du früher gelebt hast?"

„Konska-Wolja."

„Deine Bekannte ist schlank und blaß?"

„Ja."

„Hager?"

„Ja. Kennst du sie denn?" fragte er erfreut.

„Sie hat ein Muttermal links an der Nase?"

„Was für ein Muttermal?" rief er lachend. „Was fällt dir ein!"

Ich meinte, daß ich mich geirrt hatte, und fragte: „Vielleicht rechts?"

„Was für ein Muttermal? Wie kommst du darauf?"

„Vielleicht hast du es nicht bemerkt. Aber ihr Mann hat eine gelbe Gesichtsfarbe?"

„Ja."

„Er heißt Chajim?"

„Ich glaube, nein. Und vielleicht auch ja. Weiß der Teufel."

„Aber sie heißt Chane?"

„Keine Idee! Sore heißt sie, das weiß ich bestimmt. Ich pflegte sie Soruchna zu nennen. Ihren Namen werde ich doch nicht vergessen!"

Ich stand als Narr da. Gibt es denn nur ein jüdisches Weib, das so lebt?

SCHOLEM ALECHEM

Eine Hochzeit ohne Musikanten

„Ich versprach, Euch einmal zu erzählen, wie wir dank unserer Schmalspurbahn, die wir den ‚Leergänger' nennen, vor einem großen Unglück bewahrt worden sind. Wenn Ihr die Geschichte hören wollt, so legt Euch, bitte, hier auf diese Bank, und ich lege mich Euch gegenüber auf die andere Bank!"

So sprach zu mir der Hajssiner Kaufmann, mit dem ich wieder einmal in einem Wagen des „Leergängers" zusammentraf. Und da wir auch dieses Mal – wie immer – die einzigen Fahrgäste waren und der Wagen entsetzlich überheizt war, legten wir die Röcke ab, knöpften die Westen auf und machten es uns bequem wie in unseres Vaters Weingarten. Er legte sich auf die eine Bank und ich mich auf die andere. Und er begann mir ziemlich weitläufig zu erzählen, und ich hörte ihm aufmerksam zu, um die Erzählung später mit seinen eigenen Worten wiedergeben zu können.

„Es war in den Tagen – nicht gedacht soll ihrer werden! –, in den Tagen der Freiheitsmanifeste, in den Tagen, an denen wir Juden so viel ‚Freuden' erlebt haben. Wir in Hajssin hatten allerdings keine Angst vor einem Pogrom. Und wißt Ihr, warum wir keine Angst hatten? Einfach aus dem Grunde, weil es bei uns niemanden gibt, der einen Pogrom machen kann. Wenn man ordentlich nachsuchen wollte, könnte man wohl schon ein paar Leute finden, die Lust hätten, uns ein wenig zu verprügeln. Das ersieht man schon daraus, daß, als von den andern Städten die ‚schönen Nachrichten' kamen, sich auch bei uns in Hajssin einige Leute fanden, die sofort eine geheime Botschaft an die maßgebende Stelle schickten: Es sei nur recht und billig, daß man auch in Hajssin etwas veranstalte, und da es doch in der Stadt selbst nicht genügend Leute gebe, die mitmachen können, möge man ihnen um Gottes willen zur Hilfe kommen und die nötige Anzahl von Kerlen schicken. Und wie Ihr Euch denken könnt, kam schon nach vierundzwanzig Stunden die Nachricht, daß die nötigen Leute unterwegs seien. Woher die Leute kommen? Aus Schmerinka, aus Kasatin, aus Rasdjelnaja, Popelnaja und ähnlichen Orten, die sich durch ihre Pogromarbeit ausgezeichnet haben. Wieso man bei uns dieses heilige Geheimnis erfuhr? Nun, wir haben eben eine Quelle, und diese Quelle heißt Noiach Tonkonog. Und wer dieser Mann ist? Ihr kommt ja in unsere Gegend, also muß ich ihn Euch genauer schildern, damit Ihr ihn kennenlernt.

Noiach Tonkonog ist ein Mann, der mehr in die Höhe als in die Breite gewachsen ist. Gott gab ihm ein Paar lange Beine, also macht er von ihnen gehörig Gebrauch. Er ist immer unterwegs, man kann ihn fast nie zu Hause treffen. Er rennt ständig in tausend Angelegenheiten herum, die zum größten Teil fremde, nicht seine eigenen Angelegenheiten sind. Im übrigen besitzt er eine kleine Druckerei, die einzige Druckerei in Hajssin. Und darum hat er Verbindungen zu allen Behörden, verkehrt mit sämtlichen Gutsbesitzern und Beamten und kennt alle Geheimnisse.

Aus dieser Quelle erfuhr man bei uns die ‚gute Botschaft'. Das heißt, die ‚Quelle' selbst hat die Nachricht in der ganzen Stadt austrompetet. Natürlich erzählte er sie jedem einzelnen ganz vertraulich und setzte hinzu: ‚Das erzähle ich ganz allein Euch, jemand anderm würde ich es gar nicht erzählen.' Und so erfuhr es bald die ganze Stadt, daß die Pogromkerle aus den verschiedenen Städten zu uns unterwegs seien und daß bereits ein Plan ausgearbeitet sei, wie man die Juden schlagen solle. Man wußte sogar ganz genau, an welchem Tag, zu welcher Stunde und an welchem Ende der Stadt der Pogrom beginnen sollte und welchen Weg die Kerle nehmen würden. Das war alles genau vorausbestimmt, wie in einem Kalender. Ihr könnt Euch vorstellen, was es für eine Aufregung in der Stadt gab! Und unter welchen

Leuten, meint Ihr? Hauptsächlich unter den Ärmsten! Es ist doch wirklich sonderbar mit diesen Bettlern, wenn ein Reicher vor solchen Dingen zittert, kann man es noch verstehen, er fürchtet, von heute auf morgen ein Bettler zu werden. Aber was zittern die geborenen Bettler? Was haben die zu verlieren? Ihr hättet aber sehen sollen, wie sie ihr bißchen Hab und Gut zusammenscharrten und sich mit ihren Kindern versteckten. Wo verstecken sich Juden in solchen Fällen? Der eine bei einem anständigen Goj im Keller, der andre beim Notar auf dem Dachboden, der dritte beim Fabrikdirektor in der Fabrik. Ein jeder findet schon ein Plätzchen. Doch ich allein, wie Ihr mich seht, wollte mich nicht verstecken. Nicht, um vor Euch zu prahlen, sondern bloß, damit Ihr mein Benehmen versteht, will ich Euch beweisen, daß ich nicht so unrecht habe: Erstens frage ich mich, warum muß ich vor einem Pogrom Angst haben? Und zweitens – das will ich Euch lieber nicht sagen, denn es ist möglich, daß auch Ihr Lust hättet, Euch in der heißen Stunde zu verstecken. Nur ist die Frage: Wo soll man sich verstecken? Wer garantiert mir dafür, daß auf den anständigen Goj oder auf den Notar oder auf den Fabrikdirektor im rechten Augenblick noch Verlaß ist? Ihr versteht mich doch? Und außerdem – läßt man so eine ganze Stadt im Stich? Weglaufen ist kein Kunststück. Man muß etwas tun! Doch andererseits, was können Juden tun? Es gibt nur eine Zuflucht – die Obrigkeit! Wahrscheinlich gibt es auch in Eurer Stadt einen Menschen, der sich mit der Obrigkeit gut steht. Bei uns in Hajssin gibt es einen solchen Mann. Nachman Kossoj heißt er. Er ist Bauunternehmer, hat einen runden Vollbart, trägt eine samtene Weste und wohnt in einem eigenen Hause. Und da er Bauunternehmer ist und am Straßenbau beteiligt, steht er sich gut mit dem Polizeimeister und pflegt sogar mit ihm Tee zu trinken. Damals hatten wir zufällig einen sehr anständigen Polizeimeister. Einen Edelstein von einem Polizeimeister. Was heißt ein Edelstein? Er pflegte gerne kleine Geldgeschenke anzunehmen, doch nur von Nachman Kossoj. Das heißt, er nahm eigentlich von jedem, warum sollte er auch nicht nehmen? Aber vom Bauunternehmer nahm er eben mit größerer Lust. Versteht Ihr?

Kurz und gut, man besprach die Sache mit Nachman Kossoj, veranstaltete eine Kollekte und brachte, wie Ihr Euch denken könnt, eine recht hübsche Summe zusammen. Denn wie kann man unter solchen Umständen mit einem Beamten sprechen, ohne ihm ein entsprechendes Geschenk in die Hand zu drücken, damit er sich der Sache mit richtigem Eifer annimmt? Der Polizeimeister beruhigte uns natürlich und sagte, wir könnten friedlich schlafen, denn es werde nichts geschehen. Wir konnten uns also beruhigen, nicht wahr? Nun haben wir aber in Hajssin die bewußte Quelle, und diese Quelle, das heißt Noiach Tonkonog, läßt plötzlich das Gerücht los, natürlich ganz

vertraulich, daß von der Pogrombande bereits eine Depesche eingetroffen sei; und er schwört, daß er diese Depesche mit eigenen Augen gesehen habe. Und was steht in der Depesche? Nur zwei Worte: ‚Wir kommen.‘ Es sind sehr unangenehme Worte! Natürlich läuft man sofort wieder zum Polizeimeister: ‚Euer Gnaden, die Sache steht schlecht!‘ Fragt er: ‚Was ist schlecht?‘ Sagt man ihm: ‚Eine Depesche ist gekommen.‘ Fragt er: ‚Woher?‘ Sagt man ihm: ‚Aus jener Gegend.‘ Fragt er: ‚Was steht in der Depesche?‘ Sagt man ihm: ‚Wir kommen!‘ Fängt er an zu lachen und sagt: ‚Ihr seid Narren‘, sagt er, ‚denn ich habe noch gestern aus Toltschin eine Eskadron Kosaken kommen lassen.‘

Wie wir das Wort ‚Kosaken‘ hören, wächst uns, wie man sagt, eine neue Haut. Denn wenn ein Jude von ‚Kosaken‘ hört, fühlt er sich plötzlich sicher und hat vor niemand mehr Angst. Es ist doch wirklich keine Kleinigkeit, wenn man solche Beschützer hat! Nun ist aber noch fraglich, wer früher ankommen wird, die Kosaken oder die Pogrombande. Die Kosaken kommen geritten, und die Kerle reisen mit der Eisenbahn. Die ganze Hoffnung ist also, daß unser ‚Leergänger‘ wieder einmal eine Verspätung von einigen Stunden haben wird. Denn das kam bei ihm gar nicht so selten vor, eigentlich jeden Tag. Nun stellt euch vor, daß dies gerade an diesem Tage nicht geschah. Wie zum Trotz fuhr der Zug von Station zu Station pünktlich nach dem Fahrplan. Ihr könnt Euch vorstellen, wieviel Gesundheit es uns kostete und welche Angst uns alle befiel, als wir, natürlich aus der bewußten Quelle, erfuhren, daß eine neue Depesche eingetroffen sei, und zwar schon von der letzten Station ‚Krischtofowka‘, und daß die Depesche wieder lautete: ‚Wir kommen!‘ mit dem Zusatz: ‚Hurra!‘ Auch diese Nachricht teilte man sogleich dem Polizeimeister mit und flehte ihn an, er möge sich nicht nur auf die Kosaken verlassen, die vielleicht einmal aus Toltschin eintreffen würden, sondern auch Polizei zum Bahnhof schicken, um wenigstens das Ansehen zu wahren und den Kerlen zu zeigen, daß es noch ein Recht und ein Gesetz gibt. Und der Herr Polizeimeister ließ sich diesmal nicht lange bitten und erfüllte unseren Wunsch. Er tat sogar noch mehr, er legte seine Galauniform mit allen Orden an und begab sich in eigener Person und Herrlichkeit an der Spitze der ganzen ihm unterstellten Polizei zum Bahnhof, um den Zug zu empfangen.

Doch die paar Bösewichter und Feinde, die wir in der Stadt hatten, ruhten auch ihrerseits nicht. Auch sie legten ihre festlichen Gewänder mit allen Orden an, nahmen einige Popen mit und begaben sich gleichfalls zum Bahnhof. Der Polizeimeister fragte sie sogar: ‚Was wollt ihr hier?‘ Und sie antworteten mit der gleichen Frage: ‚Und was willst du hier?‘ Ein Wort gab das andere, und der Polizeimeister sagte ihnen, daß ihre ganze Mühe umsonst sei. Solange er hier Polizeimeister ist, sagte er, wird es in Hajssin keinen Pogrom geben. Das sagte er ihnen mit großem Nachdruck. Sie hörten ihn lächelnd an und antworteten ganz frech: ‚Das werden wir bald sehen!' Und kaum hatten sie diese Worte gesprochen, als aus der Ferne ein Lokomotivenpfiff ertönte. Ihr könnt Euch denken, daß uns bei diesem Pfiff das Blut gerann. Wir waren gefaßt, nach diesem Pfiff noch einen zweiten und ein ‚Hurra' zu hören und alles, was diesem ‚Hurra' zu folgen pflegt. Das wußte man schon aus anderen Städten... Doch was stellte sich heraus? Es war wirklich der Pfiff der Lokomotive, doch das ganze Pfeifen war umsonst. Wieso? Das ist eben die schöne Geschichte, die sich nur mit unserem Leergänger ereignen kann. Hört nur weiter. Wie die Lokomotive am Bahnhof von Hajssin hält, springt der Maschinist von der Lokomotive herunter und begibt sich seiner Gewohnheit gemäß direkt ins Büffet. Fragt man ihn: ‚Bursche, wo ist der Zug?' – Sagt er: ‚Was für ein Zug?' – ‚Siehst du denn nicht, daß du mit der Lokomotive allein, ohne einen einzigen Wagen angekommen bist?' Der Maschinist betrachtet die Lokomotive und sagt: ‚Was geht mich das an? Der Zug geht die Kondukteure an.' – ‚Und wo sind die Kondukteure?' – Sagt er darauf: ‚Was gehen mich die Kondukteure an? Der Zugführer', sagt er, ‚teilt mir mit einem Pfiff mit, daß er fertig ist. Und ich antworte ihm', sagt er, ‚ebenfalls mit einem Pfiff, daß auch ich fertig bin, und lasse die Maschine los. Ich habe', sagt er, ‚nur ein Paar Augen und kann nicht wissen, was hinten geschieht.' So antwortet ihnen der Maschinist, und er hat eigentlich recht. Man spricht hin, und man spricht her, doch eines steht fest: Der Zug ist da, doch ohne Passagiere, also eine Hochzeit ohne Musikanten!

Wie sich später herausstellte, war eine ganz nette Gesellschaft zu uns auf dem Weg, lauter erprobte und ausgewählte Kerle mit den nötigen Werkzeugen, Stöcken, Gummiknüppeln und Brecheisen. Sie waren lustig und guter Dinge und tranken während der Fahrt ununterbrochen Schnaps. Und auf der letzten Station, in Krischtofowka, tranken sie aus Freude, daß sie schon bald am Ziele seien, besonders tüchtig und traktierten auch das ganze Personal: den Zugführer, den Kondukteur, den Heizer und Gendarmen. Und so kam es, daß man eine Kleinigkeit vergaß, nämlich die Wagen an die Lokomotive anzuhängen. Die Lokomotive fuhr zur festgesetzten Zeit nach Hajssin ab, und der ganze Zug blieb in Krischtofowka zurück. Das Schönste aber war, daß weder jemand von der ‚schönen Gesellschaft' noch das Zugpersonal, noch die übrigen Passagiere merkten, daß der Zug ruhig auf einer Stelle stand. Sie tranken weiter, leerten eine Flasche nach der andern, bis der Stationschef endlich feststellte, daß die Lokomotive weggefahren war und die Wagen noch dastanden. Als man das Versehen merkte, ging die Hölle los! Die Bande schimpfte auf das Zugpersonal und das Zugpersonal auf die

Bande. Und man schimpfte so lange, bis beschlossen wurde, die Beine auf die Schultern und die Augen in die Hände zu nehmen und die Reise nach Hajssin zu Fuß fortzusetzen. Und so war es. Sie faßten sich ein Herz und machten sich auf den Weg. Sie kamen schließlich auch wirklich in Hajssin an, mit Gesang und Hurra, wie Gott es befohlen hat. Es war aber ein wenig zu spät: In den Straßen ritten schon Kosaken umher, mit Reitpeitschen in der Hand, und Ihr könnt Euch denken, daß schon nach einer halben Stunde die ganze Bande spurlos verschwunden war. Sie rannten davon wie die Mäuse zur Hungerszeit, sie zerschmolzen wie Schnee im Sommer.

Nun frage ich Euch: Verdient es denn unser ‚Leergänger' nicht, daß man ihn von oben bis unten vergoldet oder wenigstens in einer Erzählung beschreibt?"

JIZCHOK LEIB PEREZ

Des Rebben Pfeifenrohr

Alle, und nicht nur die Alten, können sich erinnern, wie es Sore-Riwke nicht nur an Kindern, sondern auch an Brot fehlte. Ganz einfach an Brot!

Ihr Mann, Chajim-Boruch, war von jeher ein großer Chossid gewesen; schon von jenem Tage an, als ihn sein Schwiegervater – er ruhe in Frieden, ein frommer Jude war er! – aus der Lubliner Gegend hergebracht hatte.

Man merkte bald, daß er ein göttliches Gefäß war, ein Segen für seinen lieben Namen! Daß er ein Mensch war, der wenn auch nicht gerade die Ankunft des Messias beschleunigen, so doch zumindest Wein aus der Wand zapfen konnte.

Er hatte schon so ein Gesicht gehabt! In seinen tiefliegenden, stets gesenkten Augen zitterte immer ein Flammenschein, geradeso, als ob jemand in einer finstern Stube mit einem Licht hin und her ginge. Ein blasses Gesicht hatte er, doch beim geringsten Anlaß blühte es auf wie eine Rose, so dünn war seine Haut. An seinen Schläfen pochte und zitterte es immer.

Einen gewöhnlichen Josefower Gürtel konnte er sich an die zehn Mal um den Leib wickeln, vielleicht noch mehr!

Es versteht sich von selbst, daß von gewöhnlichem Lernen bei ihm nicht die Rede war, so ein Geschöpf geht in die Tiefe. Sohar lernte er und Ez Chajim – alles, was ihr wollt.

Mit dem Rebben, leben soll er, saß er stundenlang zusammen. Sie sprachen zueinander nicht mit Worten, sondern mit bloßen Winken und Blicken. Geh einer und rede mit einem solchen wegen Nahrungssorgen!

Warum nannte ihn aber das ganze Lehrhaus „Sore-Riwkes Chajim-Boruch" oder kurz „Sore-Riwkes Mann"? Warum hängte man ihn mit all seiner Gelehrsamkeit an den Topf Erbsen und das bißchen Hefe an, womit Sore-Riwke handelte? Das ist eben nicht zu verstehen!

Sore-Riwke selbst hatte großen Kummer davon. Es war ja wirklich eine Ehre, daß man ihn nach ihr nannte, das fühlte sie. Sie wußte aber auch, daß dies bißchen Freude in dieser Welt das einzige war, was sie zu erwarten hatte. Sie pflegte einige Male in der Woche mit ihrem Erbsentopf ins Lehrhaus zu kommen.

„Chajim-Boruch!" schreien die Talmudstudenten. „Deine Ernährerin kommt!"

Chajim-Boruch hat wohl schon ihre Schritte auf der Treppe gehört; er hat sein Gesicht längst in den Sohar vergraben, über dem Pulte zittert nur die fettige Spitze seines Käppchens, an dem immer Federn haften. Doch Sore-Riwke wagt es nicht einmal, auf diesen Zipfel zu schauen. Sie schaut überhaupt nicht nach seiner Seite, sie will nicht mit ihren Augen den göttlichen Geist entweihen, der über ihm ruht, wenn er lernt. Sie will ihre Augen nicht schon in dieser Welt mästen. Alles, denkt sie sich, will ich lieber dort haben. Dort, in jener Welt! Und es wird ihr bei diesem Gedanken ganz warm ums Herz.

Wenn sie das Lehrhaus verläßt, hält sie sich aufrechter, sie ist gleichsam gewachsen, und ihr Blick ist heller und freier. Man kann kaum glauben, daß sie schon eine Frau in den Zwanzigern ist – die Stirn ist glatt, ohne eine einzige Runzel, das Gesicht anmutig und rosig, so als ob sie gerade erst geheiratet hätte.

Aber gerade darum wird ihr so traurig zumute. Es wird ihr, so denkt sie, nichts mehr für jene Welt übrigbleiben. Sie wird dort ankommen wie eine gerupfte Gans, ganz ohne Verdienste am Leibe. Was tut sie eigentlich? Sie schleppt sich mit ihrem Erbsentopf durch die Straßen und trägt jeden Donnerstag ein wenig Hefe an einige Hausfrauen aus. Was hat er von ihr?

Solange noch ihr Vater – er ruhe in Frieden – lebte und seine Geschäfte gut gingen, hatte man ein Obdach und etwas zu essen und zu trinken, sogar im Überfluß. Und heute? Möge es allen Feinden Zions so gehen! Die Mitgift ist irgendwo verlorengegangen, das Häuschen ist verkauft!

Am Morgen gibt es Fischgrütze und Kartoffeln mit Wasser. Abends ein Süppchen und ein Hörnchen vom vorigen Tage. So sieht das Leben auf dieser Welt aus! Seit sieben Jahren hat sie ihm nicht einmal einen Kaftan gemacht! Von Pessach zu Pessach bekommt er von ihr einen Hut, ein Paar Stiefel und sonst nichts. Zum Schabbes gibt sie ihm ein sauberes Hemd. Ach, ein Hemd! Ein Spinngewebe ist es und kein Hemd! Wegen dieser Hemden muß sie schon eine Brille tragen, sie bestehen ja nur aus Flicken.

„Herr der Welt", denkt sie sich, „wenn man in jener Welt einen einzigen Buchstaben von seiner Tora nimmt und auf eine Waagschale legt und auf die andere Waagschale alle meine Suppen und Fischgrützen und meine Augen noch dazu, was wird überwiegen?"

Sie weiß zwar, daß, was in dieser Welt verknüpft ist, auch in jener Welt verbunden bleiben wird. Daß man Weib und Mann nicht so schnell voneinander trennt. Und würde er es denn zulassen? So ein Edelstein wie er! Sieht sie denn nicht, wie er darauf besteht, daß auch sie etwas vom Essen koste! Es ist lächerlich, er wird es ihr doch nicht mit Worten sagen, aber er sagt es mit den Augen! Und wenn sie so tut, als verstünde sie ihn nicht, so brummt er wie während der Schmoine-Essre. Nein, er wird es nicht zulassen, daß man sie von ihm trennt. Er wird es nicht haben wollen, daß – während er selbst auf dem Vaterstuhl zwischen den Gerechten und Stammvätern sitzt – sie sich irgendwo in der Unterwelt, in wüsten Wäldern herumtreiben muß.

Was hilft es ihr aber? Erstens müßte sie sich einfach schämen, den Stammmüttern in die Augen zu sehen. Sie würde vor Scham verbrennen! Zweitens hat sie ja keine Kinder, und „Jahre ziehen, Jahre fliehen"... Sieben Jahre leben sie schon zusammen, noch drei unglückliche Jahre, und dann ist die Scheidung gewiß! Wird sie denn widersprechen? Eine andere wird sein Fußschemel im Paradies sein, und sie wird mit Gott weiß wem, mit irgendeinem Schneider in der Hölle schmachten. Und verdient sie denn auch etwas Besseres? Sie träumte schon mehr als einmal von einem Schneider oder einem Schuster und fuhr dann mit einem lauten Schrei aus dem Schlafe. Er wachte erschrocken auf. Nachts, wenn es finster ist, redet er ja manchmal mit ihr. Er fragt sie: „Was ist?"

Und sie antwortet: „Gar nichts!"

Sie weint und betet zu Gott, daß er seinen Segen in ihre Erbsen und ihre Hefe kommen lasse.

Chajim-Boruch war wirklich ein Edelstein! „Die närrische Frau", denkt

er, ,,was für Sorgen sie sich macht. Und doch muß ich etwas dagegen tun. Vielleicht wird sie dann eher etwas in den Mund nehmen, sich etwas gönnen.“ Er suchte lange in den Büchern. Doch oft ist es so, daß man das, was man gerade sucht, nicht finden kann. Solche Dinge kommen meistens von selbst und unerwartet! Manchmal kam es ihm vor, als sei er auf dem richtigen Wege, doch jedesmal verwirrte ihn dann der Satan, so daß er von neuem zu suchen anfangen mußte.

Und er beschloß, darüber mit dem Rebben – leben soll er – zu sprechen. Das ging aber sehr schwer.

Einmal hörte der Rebbe gar nicht zu, so sehr war er in seine Gedanken vertieft, das zweite Mal schüttelte er nur den Kopf hin und her. Und das dritte Mal sagte er ihm: ,,Hm! Es wäre wirklich ganz gut!“ Da kam aber jemand zum Rebben, und das Gespräch wurde abgebrochen.

Ein anderes Mal fuhr er extra deswegen zum Rebben und fragte ihn: ,,Nu?“

,,Nu! Nu!“ antwortete der Rebbe. Und das war alles.

Einmal, an einem Freitag, sitzt Chajim-Boruch beim Rebben und seufzt.

,,Das ist keine Manier!“ schilt ihn der Rebbe. ,,Meine Chassidim seufzen nicht! Warum sollen sie auch seufzen?“

,,Die Hefe!“ erwidert Chajim-Boruch.

,,In allen Wohnungen Israels sind schon die Challes gebacken“, sagt der Rebbe. ,,Am Freitag nach zwölf spricht man nicht mehr von Hefe!“

Am Schabbes-Ausgang drückt sich Chajim-Boruch schon deutlicher aus: ,,Rebbe“, sagt er, ,,vielleicht würdet Ihr Euch der Sache doch etwas annehmen?“

,,Und du?“ erwidert der Rebbe. ,,Bist du krank, es selbst zu tun? Ist der Himmel für dein Gebet, Gott behüte, verschlossen?“

Als Chajim-Boruch das ,,Gott behüte“ hörte, fiel ihm ein Stein vom Herzen. Und doch vergingen noch ein paar Monate, und nichts änderte sich.

Zu Rosch Haschono kam er wieder. Am Feiertagsausgang klopfte ihm der Rebbe plötzlich vor der ganzen Gemeinde auf die Schulter und fragte: ,,Chajim-Boruch, was fehlt dir?“

Er wurde verlegen und antwortete: ,,Gar nichts!“

,,Das ist nicht wahr!“ sagte der Rebbe. ,,Dir fehlt etwas!“

,,Was?“ fragte Chajim-Boruch zitternd. Auf der Zunge lagen ihm schon die Worte: ,,Der Segen in den Erbsen und in der Hefe...“

Der Rebbe ließ ihn aber nicht zu Worte kommen und zählte ihm folgende Worte wie Perlen auf: ,,Dir – Chajim-Boruch – fehlt – eine – lange Pfeife!“

Die Leute wurden starr.

,,Du rauchst“, sagte er, ,,wie ein Fuhrmann aus einer kurzen Pfeife.“

Chajim-Boruch fiel die Pfeife aus dem Munde, und er stotterte: „Ich will es Sore-Riwke sagen."

„Sag es ihr nur, sag!" sprach der Rebbe. „Soll sie dir eine lange Pfeife kaufen. Nimm meine Feiertagspfeife als Maß mit, genauso lang soll die deinige sein." Und er gab ihm sein Pfeifenrohr. Das war alles.

Noch bevor Chajim-Boruch nach Hause gekommen war, wußte man schon im Städtchen, daß er des Rebben Feiertagspfeife mit sich führte. „Warum? Wozu?" fragte man sich in allen Gassen und in allen Häusern. „Wozu?" zappelten alle jüdischen Seelen. „Wozu?" Und sie gaben sich selbst Antwort auf diese Frage: „Wahrscheinlich, damit er Kinder bekomme!"

Chajim-Boruch leidet doch nur an dem, woran alle gelehrten Leute leiden; wahrscheinlich wird der Rauch aus des Rebben Feiertagspfeife dagegen helfen. Und dann noch etwas: Sore-Riwke leidet doch an den Augen! Mit ihren zweiundzwanzig Jahren trägt sie schon eine Brille. Der Rebbe hat sicherlich an sie gedacht. Schließlich ist sie nicht irgendwer, sondern Chajim-Boruchs Weib!

Und überhaupt: Wozu kann so ein Pfeifenrohr nicht alles gut sein? Und noch dazu eine Feiertagspfeife!

Bevor noch Chajim-Boruch vom Wagen gestiegen war, baten ihn schon Hunderte von Menschen, er möchte ihnen das Pfeifenrohr leihen – für einen Monat, eine Woche, einen Tag, eine Stunde, eine Minute, einen Augenblick. Man versprach ihm dafür goldene Berge. Doch er antwortete allen: „Was weiß ich? Fragt Sore-Riwke."

Es war wie eine Weissagung, was über seine Lippen kam.

Sore-Riwke macht ein gutes Geschäft.

Achtzehn große Zehner für einen Zug aus der Pfeife. Achtzehn Zehner und keinen Heller weniger!

Und die Pfeife hilft!

Die Leute zahlen. Und Sore-Riwke hat schon ein eigenes Häuschen, einen schönen Laden, viel Hefe und noch manche andere Ware im Laden. Sie selber ist voller geworden, gesünder und rundlicher. Sie hat dem Mann neue Wäsche nähen lassen und die Brille abgelegt.

Vor einigen Wochen kam man sogar vom Gutsherrn, das Pfeifenrohr zu leihen. Drei silberne Rubel legte man ihr dafür hin. Wie denn auch anders?!

Ob sie Kinder hat, wollt ihr wissen? Gewiß! Drei oder vier... Auch er ist ein ganzer Mensch geworden!

Im Lehrhaus gibt es einen ewigen Streit. Die einen sagen, daß Sore-Riwke dem Rebben das Pfeifenrohr niemals zurückgeben will und wird. Die anderen sagen, sie hätte es ihm schon längst zurückgegeben, ihr jetziges Pfeifenrohr sei gar nicht mehr das des Rebben. Doch Chajim-Boruch schweigt.

Ist es nicht auch einerlei? Wenn es nur hilft!

MENDELE MOICHER SFORIM

Wie Schloimele von der Seelenwanderung erfuhr

Eine Meisterin im Erzählen von schrecklichen Geschichten war Jachne-Sosche oder, wie man sie auch nannte, die Leibzeche. Sie übte mit ihren Geschichten eine tiefe Wirkung auf Schloimele aus – sie ruhe in Frieden, und der Schluckauf sei ihr drüben leicht! –

Die Leibzeche, das kann man gewißlich behaupten, war von Gott nur zu dem einzigen Zweck geschaffen worden, in ihrer Gestalt jene Besonderheit, die allen Frauen in einem gewissen Maße eigen ist, mit voller Schärfe vorzuführen, die Schwatzsucht. Wenn manche Modedame in Paris oder in Dümmingen ein lebendes Bild der Putzsucht darstellt, das heißt, daß sie selbst nichts anderes als Putz ist, so war die Leibzeche mit ihrem Munde die leibhaftige Frauenleidenschaft des Redens und Beredens, das niemanden und nichts in der Welt verschont. Hätte man ihr diesen einzigen Vorzug geraubt, dann hätte sie gar nicht geboren zu werden brauchen.

Die Leibzeche kam als Nachbarin sehr oft zu Sore, der Frau Reb Chajims, um einmal dies und einmal jenes zu borgen und fast jeden Morgen aus ihrem Herd glühende Kohlen zu nehmen. Von den heutigen Streichhölzern wußte man damals wenig, man benutzte andere Mittel und Feuerzeuge. Die Leibzeche scharrte das Glutstückchen in einen Topf mit kalten Kohlen, fachte es dort an und schüttete dabei ganze Säcke voll Reden aus. Einmal in der Woche gab es zwischen den beiden Nachbarinnen Streit. Er brach gewöhnlich an einem Markttag aus, wenn beide die gleiche billige Ware kaufen wollten und darum stritten, er dauerte aber nie länger als einen Tag. Am nächsten Morgen kam die Leibzeche ganz früh mit ihrem Feuertopf, war zuckersüß, blies in den Topf und redete drauflos.

An den langen Winterabenden pflegte sie oft zu kommen, um mit irgendeiner Arbeit, meistens mit einem Strickstrumpf in der Hand, bei Sore zu sitzen und sich mit ihr zu beraten, ob es schon Zeit wäre, die Ferse anzufangen, und wieviel Maschen sie abnehmen sollte. Dabei war ihr Mund nie geschlossen, sie redete und beredete. Sie erzählte merkwürdige und wunderbare Geschichten, die sich in der Welt zugetragen hätten, bei ihr selber und bei ihrem seligen Großvater, und schwor mit allen Schwüren, daß alles wahr sei, was sie erzähle. Sie sprang von einer Geschichte zur anderen über und vermengte sie manchmal miteinander. Wovon auch immer die Rede sein mochte, es ging nicht ohne eine Geschichte der Leibzeche ab. Redete man von irgendeiner Krankheit, etwa vom Fieber, dann fing sie schon an: „Ihr redet vom Fieber? Still, da weiß ich eine ganz neue Geschichte! Der Pessach Klotz, der Dörfler, der Rotkopf, ein strammer Bursche, grad wie ein Bauer, also der Pessach saß über einer großen Schüssel Sauermilch und war mit der ganzen Seele ins Futtern vertieft. Na ja, was soll denn so ein ungebildeter Mensch sonst tun? Während der Pessach so dasitzt und seine Seele in der Schüssel steckt, kommt jemand zu ihm ins Wirtshaus. Wer dieser Jemand war? Das wird sich später schon noch zeigen. Also der Hereingekommene stellt sich vor Klotz hin, schaut und schaut und wendet kein Auge von ihm. Und wie der Pessach gerade einen großen Löffel Sauermilch schöpft und zum Mund führt, da haut ihm der Mensch auf die Hand, und der Löffel mit der Sauermilch fällt, bums, in die Schüssel. ‚Siehst du', sagt der Mensch zu ihm, ‚das kleinwinzige Pünktchen da, das in der Schüssel herumschwimmt? Das ist kein gewöhnliches Pünktchen. Du hast Glück, daß ich rechtzeitig dazwischengefahren bin, bevor du's hinuntergeschluckt hast. Das ist das gewisse Pünktchen. Willst wissen, wer und was? Also! Das Fieber hat sich in ein schwarzes Pünktchen verwandelt und dir mit der Sauermilch in den

Bauch hineingewollt. Da sieh her, da wirst du deine Wunder erleben!' Er nahm eine Blase, goß die Sauermilch mit dem Pünktchen hinein und hängte sie über den Ofen. Pessach hatte schon erraten, wer dieser Jemand war, einer von den Wundertätern. Er dankte ihm sehr, bewirtete ihn mit Speise und Trank und gab ihm auch ein schönes Geld. Dann fuhr er zur Stadt, um für seine Errettung ein Dankgebet zu sprechen. Nun werdet ihr mich fragen: ,Und was wurde aus der Blase, Jachne-Sosche?' Ach, ach, allen unseren Feinden möge es so ergehen! Sie wurde trocken wie ein Holzspan und zitterte beim leichtesten Hauch wie im Fieber. Das Fieber dort drin hatte die Hölle, so schrecklich litt es im Gefängnis. Und als man mit einer Nadel in die Blase stach, da flog das Fieber wie der Teufel heraus! Möge mir soviel Gutes zufliegen. Herr Gott, Amen!"

Seit dieser Geschichte weigerte sich Schloimele voll Angst, Sauermilch zu trinken. Das Essen bekam ihm überhaupt nicht mehr, selbst die besten Speisen mochte er nicht. Er suchte aufmerksam in jedem Teller nach schwarzen Pünktchen und zitterte: Gleich würde das Fieber kommen und ihn packen.

Einst an einem Winterabend saßen Sore und die Leibzeche am Ofen, schlissen Federn und unterhielten sich gemütlich auf der Bank, daneben saß die Katze auf den Hinterbeinen, bewegte den Schwanz und blickte aus ihren grünen Augen. Auf dem Feuerbecken brannte es, und die Kinder warfen von Zeit zu Zeit Späne nach. Im Zimmer war es warm und angenehm, und die Gespräche gingen freundlich.

,,Was, von der Kuh sprichst du, Sore?" fiel die Leibzeche Sore ins Wort. ,,Die Kuh gibt zuwenig Milch, sagst du? Warum gibst du deiner Kuh die Schuld? Das sind die Hexen, die nehmen die Milch weg. Ich werde dir einen guten Rat geben: Koche das Seihleinen, es gibt kein besseres Mittel dagegen. Als ich noch ein Mädchen war, da passierte beim Großvater – mir zum längeren Leben – eine Geschichte mit der Kuh, im selben Jahr, als das mit dem Gänserich geschah – möge ihm das Paradies hell sein, dem Großvater. Eine solche Geschichte ist in der ganzen Welt noch nicht gehört worden. Man konnte ihn nicht von der Stelle bringen, so schwer war der Gänserich, hundert Pfund und vielleicht noch mehr. Er mußte sicherlich etliche Töpfe Schmalz und unendlich viel Grieben geben. Als man ihm vom Schächter nach Hause trug, da sprang er, geschächtet wie er war, plötzlich hinunter, stieß ein Gepfeif aus, daß es über die ganze Straße hin schallte – und auf und davon war er und verschwunden. Ein Gänserich – ja freilich –, aber was für ein Gänserich! Die Seele eines Menschen war in ihn gewandert!...

Aber pfui, ich bringe ja die Geschichten durcheinander, mische Fleisch und Milch, ich wollte doch von Milch erzählen. Also, ich war noch ein

Mädchen, als unsere Milch versiegte. Die rote Kuh meines seligen Großvaters wurde mager und zaundürr, und ihr Euter war leer. Meine Großmutter Temme – sie möge gute Fürsprache einlegen – war sehr betrübt. ‚Da gibt man', so sagte sie, ‚der Kuh zu fressen, und sie will keine Milch geben. Daß sie ...!' Die alte Petrucha aber verriet der Großmutter, daß ihre Freundin, eine Hexe, die Hand dabei im Spiel habe, sie hätte es ihr im Zorn gestanden. Petrucha verlangte einen Schnaps: ‚Temme', sagte sie, ‚mache am Abend im Herd ein Feuer an, stelle auf einen Dreifuß einen Topf, und schütte in den Topf das Seihleinen, also die Haare einer Fledermaus mit den Kräutern, die ich dir gebe. Tür und Läden müssen dicht verschlossen sein, und außer dir darf sich niemand im Zimmer befinden. Wenn du große Angst hast, kann Jachne-Sosche bei dir bleiben. Wenn der Topf zu kochen anfängt, wirst du zunächst einen Schlag an der Tür und danach Lärm und Bitten hören: ‚Temme, mach die Tür auf!' Dann, psst, mußt du schweigen. Das ist die Hexe, sie kommt und wälzt sich auf dem Bauch, um dich anzuflehn, und sie wird die Stimme deines Mannes und andere Stimmen annehmen. Aber du – psst! – darfst um Himmels willen nicht aufmachen!'

So war es auch. Ich erinnere mich daran, als ob es heute gewesen wäre. Es war abends. Im Zimmer war es finster. Ich und die Großmutter – mir zu langem Leben! – standen am Herd. Der Topf auf dem Dreifuß, unten das Feuer. Kaum fängt der Topf mit seinem Tjochtjoch an, da ist jemand an der Tür – klapp, klapp. Die Großmutter zitterte, stierte mich an und biß die Lippen zusammen. Auch in meinem Herzen ging es tjoch-tjoch-tjoch, aber ich blieb still. Plötzlich bat eine Stimme wie die des Großvaters – genau so, man hätte darauf schwören mögen: ‚Temme, laß mich hinein, Temme!' Die Großmutter biß die Lippen noch stärker zusammen und zeigte mit dem Finger auf den Mund, das hieß: ‚Psst, Jachne-Sosche!' Ich legte immer mehr Holzspäne auf. Im Topfe siedete es, und von draußen kamen die Stimmen: Wieder die Stimme meines Großvaters, bald bat sie und bald zürnte sie. Das war die Hexe, sie hatte wahrscheinlich ein tüchtiges Grimmen im Bauch von dem Sieden im Topf. Danach war es wie das Grunzen eines Schweines, wie das Heulen eines Hundes, das Meckern einer Ziege, das Miauen einer Katze. Danach, danach – hör einmal, Sore, was ich dir lieber sagen will", unterbrach sich die Leibzeche plötzlich, indem sie die Katze ansah, die ausgestreckt auf der Bank lag, den Schwanz drehte und mit den Vorderpfoten spielte, „hör einmal, deine Katze will mir nicht gefallen. Ich fürchte, ach, weh mir, daß ein Geist in ihr steckt!... Husch! Husch, husch!"

Die Katze erschrak, sprang auf, fiel in den Topf mit Federn und kam wie ein Kobold in Federn gehüllt wieder heraus. Es begann ein Schreien und Jagen, die Katze war, hopps, auf dem Tisch und auf den Schränken und alle hinter ihr her. Wut und Getobe brachen plötzlich ganz unerwartet über die arme elende Katze herein...

Seit damals sah Schloimele überall Seelenwanderung. Der Gänserich war gar kein Gänserich, die Katze keine Katze, auch der Mensch – unterschieden! – war kein Mensch, sondern alles verwandelte sich ineinander. Diese ganze Welt war wirklich bloß eine Scheinwelt.

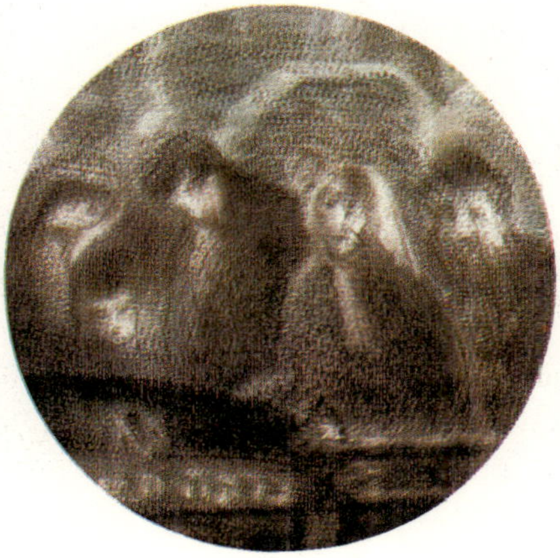

SCHOLEM ALECHEM

Besuch in Berditschew

Auf der Trambahn

Es war ganz früh am Morgen, noch vor dem Beten, als ich im Herbst mit der Eisenbahn in Berditschew ankam – es fährt Gott sei Dank schon eine dorthin. Draußen sprühte ein feiner Regen, der freilich genügte, um einen ausgiebigen, lockeren Morast zu bilden. Ich war kaum aus dem Wagen gestiegen, als schon ein ganzer Trupp Hoteldiener auf mich losstürzte. Alle hatten sie gelbe Bärte, trugen gelbe Röcke und auf gelben, abgenützten Mützen gelbe Schilder.

„Herr Nachbar! ‚Grand Hotel'!"

„‚Hotel Francia'! Herr Nachbar!"

„Herr Nachbar! ‚Italia'!"

„Herr Nachbar! ‚Portugalia'!"

„Herr Nachbar! ‚Türkalia'!"

Mit großer Mühe gelang es mir, mich durch den Trupp durchzuwinden, da fiel ich schon einer anderen Gesellschaft in die Hände: Droschkenkutschern mit großen Stiefeln und langen Peitschen, die mich beinahe in Stücke gerissen hätten. Einer von ihnen, ein riesiger Kerl, riß mir, ohne mich viel zu fragen, meinen Koffer aus der Hand. Ich erhob natürlich ein mächtiges Geschrei: ,,Meine Manuskripte! Meine Papiere!", worauf sich zwei seiner Kollegen meiner annahmen. Da mich aber ein jeder für sich haben wollte, kam es zu einer Prügelei zwischen ihnen, und diesen Umstand nützte ich, um meinen Koffer und mich zu befreien und zur Trambahn zu laufen.

,,Hierher, hierher, Leutchen! Einen Fünfer die Fahrt! Einen Fünfer pro Person! Von hier bis Ecke Belepobergasse im ganzen nur einen Fünfer! Fünf Kopeken pro Person!"

Wer dies ausrief, war der Schaffner selbst, ein junger Mann mit einem blonden Bärtchen und einer gurgelnden Stimme, einem Messingknopf auf der Mütze und einer Tasche um den Hals. Neben ihm stand ein Mann in zerrissenem Rock, eine Peitsche in der Hand: der Kutscher. Und beide zeigten auf einen sogenannten Wagen mit zerbrochenen Fensterscheiben, der, ein bißchen nach einer Seite geneigt, dastand. Ein dürres Pferd, das den Kopf herabhängen ließ und sanft schlummerte, war an einer langen Deichsel vorgespannt.

,,Gebt acht", warnt mich der Schaffner, ,,daß Ihr nicht stolpert. Es fehlt ein Brett im Fußboden."

Ich setze mich hin, lege meinen Koffer neben mich und warte. Es ist etwas kühl. Ich schlage die Füße aneinander.

,,Schaffner", wende ich mich an ihn, ,,geht's hier auch mal los?"

,,So Gott will", antwortet er.

,,Du, Jossel, gib etwas Tabak her!" sagt der Kutscher zum Schaffner.

,,Knaster ist für Euch gut genug, Reb Kassriel", meint darauf der Schaffner, ,,von gutem Tabak kriegt Ihr nur Kopfweh!"

,,Mach keine faulen Witze, sondern gib her!" fordert Kassriel, der Kutscher.

Und nun drehen sich beide ihre Zigaretten.

,,Wann fahren wir?" frage ich wieder den Schaffner.

,,Heute", erwidert er ganz kaltblütig und gibt dem Kutscher Feuer.

Ich warte. Langsam kommen einige Passagiere zusammen. Der erste ist ein Mann mit einem zerrissenen Pelz. Es ist schwer zu sagen, von was für einem Tier das Fell stammt; für einen Fuchs ist es zu weiß, für eine Katze zu rot. Dann steigt einer ein ohne Pelz, frierend, sieht sich nach allen Seiten um, sucht seufzend einen Platz und setzt sich schließlich in eine Ecke an die Tür. Ihm folgt ein Korb mit Äpfeln und diesem eine Frau, die in drei Tücher gewickelt ist. Man merkt, daß ihr sehr kalt ist.

,,Vorwärts, Reb Kassriel!" ruft jetzt der Schaffner, pfeift und – wir fahren. Aber nur einige Schritte. Dann bleibt der Wagen wieder stehen. Die Tür geht auf, und irgendein Mann steckt den Kopf herein: ,,Ist Moische hier?"

,,Was für ein Moische?" fragt Jossel, der Schaffner.

,,Ein junger Mann mit einer Mütze", antwortet der Kopf.

,,Der in einem Eisengeschäft dient?" fragt Jossel, der Schaffner.

,,Ja, ja, der!"

,,Ich kenne ihn", sagt Jossel, der Schaffner, und pfeift. ,,Vorwärts, Reb Kassriel!"

Und wir fahren weiter.

,,Einen Fahrschein!" wendet sich der Schaffner an mich. ,,Ihr kommt mir nicht bekannt vor, seid wohl nicht von hier? Habt Ihr die Absicht, lange hierzubleiben? Dann kann ich Euch in ein Gasthaus bringen, zwar kein Hotel, aber sauber, ohne Wanzen. Und wo Ihr billig und gut essen könnt, kann ich Euch auch zeigen."

Ich danke ihm und sage, daß ich hier Bekannte habe. Er will wissen, wer und was sie sind. Ich nenne ihm einen beliebigen Namen und bin ihn los. Er geht darauf zu dem Mann im Pelz und will ihm einen Fahrschein verkaufen. Der aber zuckt die Achseln und meint: ,,Ach was! Nicht einen Groschen hab ich bei mir, so wahr ich lebe."

,,Aber Ihr fahrt diese Woche schon das dritte Mal ohne Fahrschein", meint Jossel, der Schaffner, ärgerlich.

,,Na, und? Soll ich etwa zu Fuß gehen?" ist die ebenso ärgerliche Antwort. ,,Oder soll ich etwa dir zuliebe stehlen gehen?"

Jossel, der Schaffner, winkt resigniert ab und wendet sich an den Mann ohne Pelz, den Frierenden. Der stellt sich schlafend.

,,Heda, mit Verlaub, einen Fahrschein!" Keine Antwort. Der Mann tut so, als hörte er nicht. Worauf ihm der Schaffner einen Nasenstüber versetzt: ,,Herr Nachbar! Mit Verlaub... Einen Fahrschein!"

Der Mann fährt wie aus dem Schlafe auf und reibt sich die Hände.

,,Einen Fahrschein", wiederholt Jossel, der Schaffner.

,,Ich höre", antwortet der Mann endlich und haucht sich in die Fäuste.

,,Was heißt das, Ihr hört?" sagt nun Jossel, der Schaffner, schon in sehr energischem Ton. ,,Gebt lieber einen Fünfer her und nehmt den Fahrschein!"

,,Etwas leiser bitte", wehrt sich der Frierende. ,,Warum gleich so hitzig? Sieh mal einer an: auch schon wer!"

,,Macht keine Späße", sagt Jossel, der Schaffner, ,,und gebt Euern Fünfer her!"

,,Ich hoffe, du wirst mir etwas nachlassen von dem Fünfer!"

,,Ehe Ihr das erlebt...!" antwortet Jossel, der Schaffner. ,,Nun, wird's bald? Nicht? So muß ich Euch schon bitten, Euch vom Wagen hinunterzubemühen. Reb Kassriel, halten!"

Kassriel, der Kutscher, gehorcht gern. Und das Pferd sicherlich nicht minder.

,,Bitte, mit dem rechten Fuß!" sagt Jossel, der Schaffner, zu dem Frierenden, der sich die Hände reibt, die Füße tänzeln läßt, im übrigen aber sich nicht vom Fleck rührt.

,,Ihr wartet, scheint's, auf besondere Aufmerksamkeit. Ich soll Euch wohl beim Kragen nehmen und hinauswerfen! Na, wenn Welwel, der Kontrolleur, kommt – er ist gerade bei einer Beschneidung, bei unserem Kassierer –, der wird's Euch schon zeigen! Vorwärts, Reb Kassriel!" Und der Wagen fährt weiter.

,,Es ist wirklich keine Gerechtigkeit auf der Welt", läßt sich da plötzlich die Frau mit den Äpfeln hören. ,,Wieso ist der Mann schlimmer als der andere, der ohne Fahrschein fahren darf! Er wird dir wohl ein Stück Bank abnutzen, wie? Oder glaubst du, dir einen goldenen Grabstein damit zu verdienen?"

,,Wer hat Euch gebeten, hier als Verteidigerin aufzutreten?" gibt Jossel, der Schaffner, zurück. ,,Wie könnt Ihr die beiden vergleichen? Den einen kenne ich. Er ist aus gutem Hause und verarmt. Der andere aber...", er zeigt auf den Frierenden, ,,ich weiß nicht, wer er ist, irgendein hergelaufener Habenichts!"

Da richtet sich die Äpfelfrau auf: ,,Na, und wenn? Muß er deswegen schon hinausgeworfen werden? Gleich hinauswerfen. Was für ein schreckliches Verbrechen hat er denn begangen? Das Pferd zieht doch ohnehin den Wagen in die Stadt. Ob nun einer mehr da sitzt oder nicht. Stell dir vor, du hast schon den Fünfer, wird die Suppe davon fett?"

,,Wer hat Euch um Eure Meinung befragt?" sagt Jossel, der Schaffner. ,,Gebt lieber Euern Fünfer her und nehmt Euern Fahrschein."

Die Frau schlägt mit der flachen Hand auf ihre Kleider: ,,Habt ihr schon so etwas gehört, Leute? Ich hab's ja gewußt, daß er zuletzt auch zu mir kommen wird! Ich soll so glücklich sein, wie ich's gewußt habe."

,,Was denn, habt Ihr gemeint, daß ich Euch umsonst mitnehmen werde?"

,,Was soll das heißen: Du wirst mich mitnehmen? Der Wagen nimmt mich mit, nicht du. Sieh mal einer an: hat sich einen Messingknopf angesteckt und kommandiert rum! Ich erinnere mich gut, als du noch Schulgehilfe bei Leiser Hersch warst, die Kinder in den Cheder getragen hast und ihre Frühstückstöpfchen dazu. Mir erzähle also keine Geschichten von Fahrscheinen! Faaaahrscheinen!"

,,Na, was sagt Ihr zu meinen Passagieren?" wendet sich jetzt Jossel, der

Schaffner, an mich und setzt sich neben mich hin. ,,So, wie Ihr sie da seht, so sind sie alle hier. Wer Geld hat und zahlen kann, geht zu Fuß, und wer keins hat und nicht zahlen kann, fährt mit der Trambahn. Und davon soll man leben und eine alte Mutter und eine verwitwete Schwester unterhalten. Da, seht, meine Stiefel" – er zeigt sie mir –, ,,wie sie das Maul aufreißen."

In diesem Augenblick kracht es. Zwei Deichseln sind aneinandergeprallt, und zwei Pferde keuchen. Zwei Wagen, die von entgegengesetzten Seiten auf demselben Geleise daherkamen, sind zusammengestoßen. Und ein wildes Fluchen und Schimpfen geht los: ,,Die Pest über dich!"

,,Soll dir das Maul auf eine Seite herunterrutschen!"

,,Wo hast du die Augen, du Bankert? Siehst doch, daß ich rechts fahre, kannst du doch links fahren!"

,,Wo steht das geschrieben, du Trottel, daß du rechts zu fahren hast und ich links? Vielleicht ist's gerade umgekehrt, ich rechts und du links."

,,Mordsvieh, du! Dazu gibt's doch zwei Geleise: ich hin, du her."

,,Bist selber ein dummes Vieh! Wo steht denn geschrieben, daß du hin und ich her?"

,,Ach was, hol' sie der Kuckuck mit ihren Geleisen, ihren Wagen und ihrer ganzen Trambahn. Gib lieber Tabak her, wenn du welchen hast, Asriel, mein Herz! Unsertwegen können sie mit der Trambahn zusammen im selben Feuer verbrennen! Was macht deine Alte? Schon etwas beruhigt?"

,,Nur wenn sie schläft, ist sie ruhig. Was gibt's bei dir?"

,,Was soll's geben? Man ärgert sich."

Und so lassen sich die beiden Kutscher in ein langes Gespräch in ihrem Kutscher-Jargon ein. Auch die beiden Schaffner unterhalten sich gar friedlich und gemütlich. Bis Welwel, der Kontrolleur, von der Beschneidung, die im Hause des Kassierers stattgefunden hat, zurückkommt.

,,Daß Euch... Schon wieder was angestellt?!" schreit er. ,,Euer Glück, daß ich von Motje, dem Kassierer, komme und gut aufgelegt bin. Kinder, war das ein Essen! So ein Kerl! Na ja, wenn man bei der Kasse arbeitet. Ich würde auch nicht nein sagen. Besser als Kontrolleur sein und jedem Wagen wie ein Hund nachlaufen! Aber Leute! Was ist denn da passiert? Wieder ein Zusammenstoß? Wo habt ihr nur eure Augen? Die Passagiere – hol' sie der Kuckuck! Aber gut, daß die Wagen ganz geblieben sind. Doch nun macht ein Ende, Kinder, Ihr, Reb Kassriel, mein Herz, spannt gefälligst um und fahrt zum Bahnhof zurück, und Reb Asriel wird Euch nachfahren."

,,Warum gerade ich?" fragt Kassriel. ,,Soll Asriel umspannen und in die Stadt zurückfahren, und ich fahre nach."

,,Reb Asriel", wendet sich der Kontrolleur zum andern Kutscher, ,,seid also Ihr so gut und spannt um und fahrt in die Stadt zurück."

„Fällt mir nicht im Traum ein", sagt Asriel. „Mir ist es lieber, wenn Kassriel zum Bahnhof zurückfährt. Er schafft es schon."

„Und wenn's ans Leben geht, ich fahre nicht zurück", versteift sich Kassriel.

„Und wenn ich hier auf der Stelle zugrunde gehe, ich rühr' mich nicht vom Fleck", überbietet ihn Asriel.

„Daß euch ...", flucht jetzt die Äpfelfrau, packt ihren Korb und wackelt vom Wagen herunter. „Ein schönes Fahren ist das! Fünfer lassen sie sich noch zahlen! Zu Fuß wäre ich schon sechsmal in der Stadt. Eine ‚Trampelbahn' haben sie sich für Berditschew ausgedacht, war das nötig?" Und sie flucht und spuckt aus.

Ich aber sehe ein, daß mir auch nichts weiter übrigbleibt, als zu Fuß zu gehen. Und so nehme ich denn meinen Koffer und steige aus. Hinter mir kommen Wagen gefahren. Die Droschkenkutscher pfeifen, höhnen und lachen: „Dem Herren haben Fleckchen mit Bohnen nicht geschmeckt? Ha? Eine einfache Droschke hat Euch nicht gepaßt? Ausgerechnet die ‚Trampelbahn' mußte es sein! Ihr könnt noch von Glück reden, daß Ihr mit heilen Gliedern heraus seid, daß keine Eierspeise aus Euch geworden ist. Na, steigt schon ein mit Eurem Koffer, Herr Nachbar, in welchen Wagen Ihr wollt. Wir halten zusammen. Hot, Kinder, hot, hot!" Und so halte ich endlich samt meinem Koffer Einzug in Berditschew.

Im Hotel „Türkalia"

„Wenn Ihr billig und doch fein unterkommen wollt, so verlaßt Euch auf mich", sagt mein Kutscher zu mir und führt mich vor ein zweistöckiges Haus mit arg beschädigter Fassade, das in großen Buchstaben die Aufschrift trägt: „Hotel Türkalia". Er klopft mit der Peitsche an die Tür und schreit: „Noiach! Noiach! Wo steckst du denn, zum Teufel! Mach auf! Ich hab' dir einen Hecht gebracht!"

Die Tür geht auf, und es erscheint der gerufene Noiach, der Portier des Hotels. Er packt meinen Koffer, trägt ihn ohne Zögern in den zweiten Stock und fragt mich: „Was für ein Zimmer wollt Ihr? Mit Gesang oder ohne?"

„Gesang?"

„Ja, Gesang. Bei uns wohnen nämlich die Schauspieler vom jüdischen Theater und außerdem ein Vorbeter aus Litauen mit zwölf Chorknaben! Sie sind zum Schabbes hergekommen. Es soll kein übler Vorbeter sein, sagt man. Eine Rarität von einem Vorbeter!"

„Das kann ja sein, daß er eine Rarität von einem Vorbeter ist. Aber ich verzichte. Gebt mir ein Zimmer ohne Gesang!"

,,Wie Ihr wollt", sagt Noiach, der Portier. ,,Ich kann Euch auch ein Zimmer ohne Gesang geben. Aber wenn es Euch dort nicht ganz gefallen sollte, so will ich dann keine Verantwortung haben."

,,Was versteht Ihr unter ,nicht gefallen'?" frage ich ihn mißtrauisch.

,,Na, zum Beispiel", antwortet er, ,,wenn's Euch beißen sollte."

,,Wer soll mich beißen?"

,,Wer Euch beißen soll? Ich sicher nicht. Es wird schon welche geben, die Euch beißen werden. Man hat erst vor kurzem gereinigt, vor Pessach. Aber es hilft nichts. Auch Petroleum nicht."

,,Wenn dem so ist, dann lieber schon mit Gesang", sage ich.

Noiach, der Portier, führt mich nun in ein finsteres Zimmer, in dem es nach frisch abgezogenen Häuten und faulen, verschimmelten Gurken riecht. Und ehe ich mich noch zurechtfinde, packt er irgend etwas und klopft darauf los, so etwa, wie man ein Kissen klopft, das man für jemanden zu seiner Behaglichkeit herrichten möchte. Dabei schimpft er mörderisch: ,,Du Lümmel! Du Schwein! Du Ochse! Gleich kriegst du eins übergezogen, daß dir alle Zähne herausfallen! Alle Welt kommt von der Bahn, und er legt sich mit den Stiefeln ins Bett, streckt sich aus wie bei Vater zu Hause aufs Heu, macht's sich bequem! Ein schöner Diener! Hast noch keine Zeit gehabt, die Läden zu öffnen? Den Samowar aufzustellen? Den Schauspielern die Schuhe zu putzen? Beim Vorbeter und bei den Chorknaben reinzumachen? Noch keine Zeit gehabt, Moische Mordche? Was? Hol' dich der Henker!"

Erst jetzt erblicke ich den Menschen, den alles das angeht. Es ist ein baumlanger Kerl mit großen, gut gefetteten Schuhen – und nun begreife ich auch den Geruch im Zimmer... Er steckt übrigens die Ohrfeigen des Portiers ganz ruhig ein, streicht sich mit dem Finger über die Lippen, als ob er mit alldem nichts zu tun hätte, und dann öffnet er die Fensterläden, glotzt mich an und beginnt fröhlich zu lachen.

,,Vielleicht wißt Ihr, warum er lacht!" sagt der Portier zu mir. ,,Wahrscheinlich freuen ihn die Ohrfeigen auf nüchternen Magen! Scher dich zum Teufel, du abscheulicher Kerl! Du Kartoffelfresser! Du Nudelschlinger! Du Bretzelmarder!"

Noch einen Hieb in den Nacken, und Moische Mordche fliegt zur Tür hinaus.

,,Ein ganz ordentlicher Junge", sagt dann der Portier zu mir, ,,nur ein wenig faul und schläft zu fest. Ohne Ohrfeigen ist er nicht zu wecken. Sonst aber arbeitet er wie ein Esel. Und was er verdient, gibt er seiner Schwester. Ich habe es kaum bei ihm durchsetzen können, daß er sich ein Paar neue Stiefel machen ließ. Was wollt Ihr zum Tee haben? Frisches Gebäck, Bretzeln, Mohnbrötchen oder vielleicht gar Berditschewer Prenseln?"

So fragt er, macht aber plötzlich kehrt und verschwindet, ohne meine Antwort abzuwarten.

Gleich darauf öffnet jemand die Tür und steckt den Kopf herein: „Ihr habt schon gebetet, Herr?“

„Was kümmert das Euch?“ frage ich. „Wer seid Ihr?“

„Ein Fremder, nicht von hier. Ich möchte Euch bitten, mir auf eine Minute Euern Tallis und Eure Tfillin zu leihen. Mir hat man die meinigen gestern hier im Hause gestohlen.“

Gleich danach wird die Tür wieder geöffnet, ein zweiter Kopf erscheint und spricht in mehreren Sprachen zugleich: „Raznich towarow, panie, gute Socken! Renkawitschki zimni, beste Ware, billig! Halb umsonst jak boga kocham! Kauft mir Socken ab, wenigstens ein halbes Dutzend! Gott soll Euch Gesundheit schenken. Ich wußte nicht, wer Ihr seid. Es kommt ja manchmal vor, daß man auf einen Nichtjuden stößt und ihn eine halbe Stunde lang jiddisch anspricht, bis man zuletzt sein Teil von ihm kriegt: Darum dachte ich mir, ich werde es polnisch, russisch und deutsch probieren; ich verstehe Gott sei Dank einige Sprachen. Ein paar gute, warme Handschuhe vielleicht? Ich war einmal ein großer Kaufmann, wie Ihr mich da seht, bin auf die größten Märkte gefahren: nach Jarmelnica, Proskurow und Poltawa. Mehr wollt Ihr also nicht? Ein Stück Seife? Einen guten Kamm, eine Seltenheit?! Nicht? Besten Dank für den Verdienst. Meine Kinder werden sich erquicken. Vielleicht doch noch eine gute Bürste? Oder einen schönen Schlips? Oder vielleicht noch ein halbes Dutzend Socken? Ich werde sie Euch billiger lassen. Nicht? Nein? Na schön. Adieu.“

Der Mann packt seine Mütze und geht. An seiner Stelle ist gleich ein anderer da: „Kauft mir Socken ab, Herr, gute, billige Socken.“

„Danke, ich brauche keine Socken“, antworte ich.

„Was heißt das, Ihr braucht keine Socken“, sagt er. „Soeben habt Ihr ja bei dem andern ein halbes Dutzend gekauft. Ich bin auch ein Jude und arm und Vater von vielen Kindern, zwei Knaben in der Schule, einer ist in der Lehre und die kleineren im Cheder. Besten Dank, Gott soll Euch Glück geben! Adieu!“

Und schon ist ein dritter da, ein hochgewachsener, magerer Mann mit einem furchtsamen Gesicht: „Wenn Ihr ein gutes Werk tun und Euch das Fasten am Tischebow ersparen wollt, dann kauft mir diesen Rest da ab. Ich gebe ihn Euch zum Einkaufspreis. Ein paar Dutzend Socken, die mir übriggeblieben sind.“

„Ich brauche keine Socken“, sage ich, „ich habe schon genug Socken.“

„Ich gebe sie Euch unter dem Einkaufspreis“, meint er nun. „Ich will nicht handeln. Gebt, wieviel Ihr wollt, und Gott gebe Euch Gesundheit und langes

Leben! Ich habe einen Sohn im Gymnasium, der in diesem Jahr fertig wird. Er will Doktor werden. ‚Du wirst dann nicht mehr soviel arbeiten müssen, Vater', sagt er. ‚Dann werde ich arbeiten, und du wirst dich ausruhen', sagt er. So sagt er, mein Sohn. Aber einstweilen muß ich ihm manchmal noch mit einem Dreirubelschein aushelfen, obwohl er selbst schon ganze sechzehn Rubel monatlich verdient. Viel Glück und adieu!"

Kaum ist er draußen, tritt schon ein neuer Besucher ein: eine Frau in einem türkischen Schal.

„Seid Ihr der Gast aus Jehupez?" sagt sie mit singender Stimme.

„Ja, was gibt's?"

„Ich hörte, daß Ihr nach Berditschew gekommen seid, um Socken einzukaufen. Da hab' ich Euch ein paar Dutzend als Muster gebracht. Ich habe eine Sockenfabrik. Schon zehn Jahre stelle ich Socken her."

„Wer hat Euch erzählt, daß ich Socken kaufe?" frage ich. „Es ist nicht wahr, ich bin nicht hier, um Socken einzukaufen, ich brauche keine Socken."

Doch die Frau kümmert sich wenig um meine Worte, sondern fährt fort. Ihre Zunge geht schnell wie ein Mühlrad: „Meine Socken sind in ganz Berditschew berühmt. Da seht Euch dieses Stück an! Was sagt Ihr dazu?"

„Aber um Gottes willen!" schreie ich. „Ich kaufe keine Socken, ich brauche keine Socken!"

„Da liegen ja schon Socken bei Euch", überführt sie mich.

„Die habe ich zum Verkaufen mitgebracht", lüge ich und begleite sie zur Tür hinaus.

Ich schließe ab, um vor Sockenverkäufern Ruhe zu haben. Es klopft.

„Wer da?" rufe ich.

„Ich", antwortet es von draußen.

„Was für ein ich?" frage ich in meiner Angst vor Socken.

„Dowid."

„Was für ein Dowid?"

„Dowid Lauf."

„Was für ein Dowid Lauf?"

„Der Kommissionär!"

„Was habt Ihr?" frage ich. „Vielleicht Socken?"

„Socken wollt Ihr?" antwortet er. „Bitte, ich laufe schon in ein Geschäft und bringe Euch Socken."

„Nein, nein!" schreie ich. „Ich brauche keine Socken!"

Ich öffne die Tür: Noiach, der Portier, kommt herein, vollbepackt mit Semmeln, Bretzeln, Mohnbrötchen und Prenseln.

„Für wen bringt Ihr soviel?" frage ich.

„Darüber braucht Ihr Euch doch keine Sorgen zu machen", erwidert er.

,,Den Hunden wird man es sicherlich nicht vorwerfen. Es sind unberufen genug Mäuler da, die essen wollen. Ich selbst habe sechs eigne zu Hause, außer zwei fremden Waisenkindern. Sagt mir lieber, was seid Ihr für ein sonderbarer Mensch? Hättet Ihr mir nicht sagen können, daß Ihr Socken braucht? Müßt Ihr Dowidel Lauf schicken?"

,,Wer hat ihn geschickt?"

,,Ich weiß nicht, wer ihn geschickt hat. Ich sicher nicht! Wartet nur, Ihr werdet schon sehen, was für Socken Euch Dowidel, der Diebskerl, bringen wird! Berditschewer Socken!"

In diesem Augenblick geht die Tür auf, und es tritt ein gutgenährter, rotbäckiger Mensch ein, der ein verschwitztes Gesicht und im Mund eine Pfeife hat. Ich besinne mich nicht lange, fasse ihn an der Hand und zeige ihm die Tür: ,,Schert Euch mit Euren Socken zum Teufel! Ich brauche keine Socken!"

,,Aber um Gottes willen", ruft Noiach, der Portier, dazwischen. ,,Was tut Ihr? Das ist doch der Besitzer unseres Hotels!"

,,Ach so! Nehmt mir's nicht übel", sage ich, reiche ihm die Hand und bringe ihm einen Stuhl. ,,Ich meinte, Ihr seid der, der davonlief, um mir Socken zu bringen. Ein wahres Unglück! Man hat mich mit Socken überschüttet. Eine Socken-Sintflut bricht über mich herein! Bitte, nehmt Platz!"

Der Hotelwirt dankt, setzt sich und tut einen Zug aus seiner Pfeife: ,,Also aus Jehupez kommt Ihr! Ich habe einen Bekannten in Jehupez. Das heißt, er wohnt nicht mehr in Jehupez, er ist schon lange weg von dort – ich glaube, es ist an die achtzehn Jahre her, und vielleicht sind es gar ganze neunzehn. Man sagt, nach Odessa. Er hat Verwandte in Odessa, sie haben ein Weizengeschäft. Eigentlich zwei Geschäfte, eines in Odessa und das andere in Nikolajew. Das Odessaer Geschäft geht nicht schlecht, das Nikolajewer aber geht nicht so gut, weil Nikolajew ziemlich heruntergekommen ist, man sagt, durch Feodossia. Ist eine große Stadt geworden, Feodossia. Ich habe auch in Feodossia Bekannte. Man sagt, eine feine Stadt, dies Feodossia!"

Ich merke, daß das eine Geschichte ohne Ende ist, und falle ihm in die Rede: ,,Was wollte ich Euch nur fragen? Ja: Warum habt Ihr denn Euer Gasthaus ‚Hotel Türkalia' genannt?"

,,Ich erinnere mich noch", antwortet er, ,,als Feodossia ein ganz kleines Städtchen war. Ich bin, müßt Ihr wissen, selber aus der Gegend dort, ein Bessarabier bin ich, aus Bessarabien, aus dem kleinen Städtchen Dubossari, das heißt, geboren bin ich in Belz. Wart Ihr schon einmal in Belz? Eine schöne Stadt, aber mit Kischinew kann man sie doch nicht vergleichen."

,,Sprecht mit dem Herrn etwas lauter", macht mich der Portier, der etwas abseits steht, aufmerksam. ,,Das Gehör ist kaputt. Er hört schlecht."

Ich trete nun ganz nahe an den Wirt heran und schreie ihm ins Ohr: ,,Ich frage, warum Euer Hotel einen so merkwürdigen Namen hat?"

,,Warum schreit Ihr so?" antwortet er. ,,Ich bin nicht taub! Ein merkwürdiger Name, sagt Ihr? Wieso merkwürdig? ‚Italia'! ‚Portugalia'! ‚Türkalia'! Das ist doch ganz einfach. Die andern Namen hat man mir weggeschnappt. Na, da habe ich es nach den Türken benannt. Ja, wo bin ich denn stehngeblieben? Richtig! Kischinew! Und die Menschen? Bei uns in Bessarabien sind ganz andere Menschen! Bei uns in Bessarabien ist man ganz anders. Bei uns in Bessarabien trägt man zum Essen, müßt Ihr wissen, zuallererst die schönen Fische aus dem schönen Fluß auf. Dann kommt Kade, das gute, fette Stück Kade. Dann ein großer Teller schöne, reine Mamaliga, die man mit einem langen Faden der Breite nach durchschneidet. Und endlich heiße Papuschki. Dazu trinkt man den echten, reinen bessarabischen Wein. Und nach dem Essen bekommt man noch den richtigen, guten Nahut."

Während der Wirt dermaßen die bessarabische Speisekarte hersagt und ihm dabei das Wasser im Munde zusammenläuft, höre ich plötzlich Gesang. Die Töne kommen von verschiedenen Seiten. Auf der einen Seite läßt sich ein litauischer Vorbeter hören, der auf eine sonderbare Weise meckert:

Jissmechu be-malchußcho
schoimrej schabboss
we-koirej oineg...

Und der Chor fällt ein. Das heißt eine Hälfte:

Furarirl! Furarirl!
Furarirl! Furarirl!

Und die andere:

Pim – Pom!
Pim – Pom!
Pim – Pom!

Auf der anderen Seite singen die Schauspieler:

Füßelein!
Und Füßelein!
Ei, was für
Füßelein!

Und der Diener, der vor meiner Tür die Schuhe putzt, spuckt immerzu auf die Bürste und singt auch sein Liedchen dazu:

Hab' ich eine Schwiegermutter,
Hat sie einen Schwiegersohn.
Schlägt er ihre Tochter,
Zittert 's ganze Haus davon!

Das ist aber noch immer nicht alles. Ich höre auch eine fluchende Frauenstimme. Die Wirtin sucht ihren Mann in allen Zimmern. Und sonderbarerweise flucht und schimpft sie in Reimen.

„Werdet Ihr mit dem Wirt und der Wirtin zusammen Mittag essen", fragt mich Noiach, der Portier, die Tür öffnend, „oder geht Ihr ins Restaurant?"

„Ins Restaurant!" antworte ich rasch. „Ins Restaurant!"

SCHOLEM ALECHEM

Es ist nicht wahr

Ein Gespräch in Galizien

„Ihr fahrt wohl nach Kolomea?“

„Woher wißt Ihr das?“

„Ich hörte zu, wie Ihr mit dem Schaffner spracht. Seid Ihr aus Kolomea, oder fahrt Ihr nur hin?“

„Ich bin aus Kolomea. Warum fragt Ihr?“

„Ach nichts. Ich frag' nur so. Eine schöne Stadt, Kolomea, wie?“

„Mein Gott, eine Stadt wie alle Städte in Galizien. Eine nette Stadt, ja, eine ganz nette Stadt.“

„Ich meine, ob es bei Euch bessere Leute gibt, reiche Leute?“

„Es gibt allerlei bei uns: Reiche und Arme. Natürlich mehr Arme als Reiche.“

„Ganz so wie bei uns. Auf einen Reichen tausend Arme. Bei Euch in Kolomea soll es einen Finkelstein geben, einen reichen Mann?“

„Ja, es gibt so einen. Was ist mit dem? Kennt Ihr ihn?"
„Kennen tu ich ihn nicht, ich habe nur von ihm gehört. Heißt er nicht Reb Schaje?"
„Gewiß, Reb Schaje. Warum fragt Ihr?"
„Ach nichts. Ich frage nur so. Ist er wirklich so reich, wie man sagt, dieser Reb Schaje?"
„Woher soll ich das wissen? Ich habe sein Geld nicht gezählt. Warum interessiert Ihr Euch übrigens so für ihn? Es handelt sich wohl um Kredit?"
„Nein, ich frage nur so. Er hat, sagt man, eine Tochter?"
„Nicht eine, sondern drei. Ihr fragt also wegen einer Partie? Was hat man Euch gesagt? Wieviel Mitgift gibt er?"
„Auf Mitgift kommt es mir nicht an. Versteht Ihr? Ich meine das Haus, was für ein Haus er führt."
„Haus? Ein Haus wie alle Häuser. Ein jüdisches Haus, ein feines Haus, ein frommes Haus, ein sehr feines Haus. Zwar erzählt man, daß dort in der letzten Zeit die alte Frömmigkeit... Aber es ist nicht wahr!"
„Was ist nicht wahr?"
„Alles, was man von ihm spricht. Kolomea, müßt Ihr wissen, ist eine Stadt von lauter Lügnern."
„Da wäre es ja gerade interessant, zu wissen, was man von Finkelstein und seinem Haus spricht."
„Man sagt, daß es dort nicht mehr so zugeht wie früher einmal. So pflegte man früher in bezug auf Pessach sehr streng zu sein. Und er selbst, Reb Schaje, fuhr sogar zweimal im Jahre zum Rebben. Heute ist das nicht mehr so."
„Das ist alles?"
„Was wollt Ihr denn noch? Daß er schon ohne Bart und Pejes herumläuft und öffentlich Schweinefleisch ißt?"
„Ihr sagt immer: man sagt. Da dachte ich, man sagt weiß Gott was. Die Hauptsache ist, ob der Mann ein ordentlicher und angesehener Mensch ist. Das meine ich."
„Mein Gott! Ordentlicher Mensch? Ein Mensch wie alle anderen. Ein ordentlicher Mensch. Ich möchte sogar sagen, ein sehr ordentlicher Mensch. Freilich sagt man bei uns, daß er ein wenig... Aber das ist nicht wahr!"
„Was ist nicht wahr?"
„Alles, was man über ihn sagt, ist nicht wahr. Kolomea ist schon so eine Stadt, wo man es liebt, voneinander alles Schlechte zu erzählen. Ich will darum nicht wiederholen, was man sagt, das wäre ja schon üble Nachrede."
„Aber sobald Ihr einmal wißt, das alles nicht wahr ist, kann es ja gar nicht mehr üble Nachrede sein."

„Nun, man sagt, daß er... ein wenig... krumme Dinger dreht..."
„Krumme Dinger? Welcher Jude dreht nicht krumme Dinger? Ihr vielleicht?"
„Ja, aber es kommt doch darauf an, wieviel. Von ihm erzählt man, müßt Ihr wissen... Aber es ist nicht wahr!"
„Was erzählt man eigentlich von ihm?"
„Ich sage Euch doch, es ist nicht wahr!"
„So will ich die Lüge wissen."
„Man sagt, daß er schon dreimal Pleite gemacht hat. Aber es ist nicht wahr. Ich weiß nur von einem Mal."
„Das ist alles? Wo gibt es einen Kaufmann, der nicht schon einmal Pleite gemacht hat? Stirbt einmal einer ohne Pleite, so ist das nur ein Beweis, daß er vor der Zeit gestorben ist. Wie? Ist es nicht so?"
„Es kommt doch aber auch darauf an, wie man Pleite macht. Er hat es auf eine schlimme Art gemacht, einfach das Geld verschwinden lassen und dann den Gläubigern die Zunge herausgestreckt. Versteht Ihr?"
„Jedenfalls kein Dummkopf, wie's scheint. Nun, und sonst?"
„Was wollt Ihr denn noch? Daß er auch Menschen umbringt? Fürs Zuchthaus arbeitet? Zwar erzählt man sich bei uns auch eine sehr wenig schöne Geschichte von ihm... Aber die ist nicht wahr!"
„Was für eine Geschichte?"
„Na, mit einem Gutsbesitzer. Aber, wer wird was darauf geben?"
„Was ist das für eine Geschichte mit einem Gutsbesitzer?"
„Ach, irgendein Gutsbesitzer... und Wechsel... Was sich Kolomea nicht alles ausdenken kann! Es ist aber nicht wahr! Ich weiß, daß es nicht wahr ist."
„Wenn Ihr wißt, daß es nicht wahr ist, wird es ihm ja nicht schaden."
„Nun, er hat mit einem Gutsbesitzer Geschäfte gemacht, sagt man, mit einem sehr reichen Gutsbesitzer. Er stand in Ansehen bei ihm, in großem Ansehen. Der Gutsbesitzer starb aber, und da rückte er plötzlich mit Wechseln heraus. Darüber war die ganze Stadt aufgebracht, denn es war bekannt, daß der Gutsbesitzer niemals in seinem Leben einen Wechsel unterschrieben hatte. Woher also die Wechsel? Kolomea, müßt Ihr wissen, ist eine Stadt, die achtgibt."
„Und?"
„Nun, da hat er was ausgestanden!"
„Das ist alles? Jeder Jude hat doch was auszustehen. Oder habt Ihr schon einmal einen Juden gesehen, der nichts ausgestanden hätte?"
„Ja, aber er hatte dreimal etwas auszustehen."
„Dreimal? Wieso denn?"
„Na, zuerst wegen der Mühle, sagt man. Aber das ist sicher nicht wahr!"

,,Aha, gewiß brannte sie ab, und dann verdächtigte man ihn, daß er sie versichert und selber angezündet hätte, weil sie alt war und er eine neue haben wollte?"

,,Woher wißt Ihr das so genau?"

,,Von Wissen ist keine Rede. Ich vermute das nur."

,,So wenigstens spricht man bei uns in Kolomea. Aber es ist nicht wahr! Ich kann einen Eid darauf leisten, daß es nicht wahr ist."

,,Mich stört es ja nicht, auch wenn es wahr ist. Doch Ihr spracht von dreimal!"

,,Ich sprach von gar nichts. Die Stadt spricht. Aber das ist schon einfach Verleumdung, pure Verleumdung."

,,Eine Verleumdung? Falschmünzerei etwa?"

,,Noch schlimmer."

,,Was kann noch schlimmer sein?"

,,Ach, ich schäme mich, es zu sagen. Was sich Kolomea nicht alles ausdenken kann! Leere Schwätzer, Müßiggänger. Vielleicht war es auch nur so eingefädelt, um Geld zu erpressen. Ihr wißt doch, eine kleine Stadt, und jeder Reiche hat Feinde."

,,So hat er also mit dem Dienstmädchen zu tun gehabt?"

,,Woher wißt Ihr denn das? Man hat es Euch wohl schon erzählt?"

,,Nichts hat man mir erzählt. Aber es war nicht schwer zu erraten. Muß ihn übrigens ein schönes Stück Geld gekostet haben – diese Verleumdung."

,,Das könnt Ihr Euch denken. Ich wünschte, daß wir beide zusammen jede Woche soviel verdienten, und ich bin Euch sicherlich kein Feind. Dabei war er ganz unschuldig. Eine kleine Stadt, ein reicher Mann, man beneidet ihn einfach, man beneidet ihn."

,,Leicht möglich. Und seine Kinder? Sind sie ordentlich, brav? Ihr spracht von drei Töchtern?"

,,Ja, drei. Zwei verheiratet, und eine ledig. Brave Kinder, sehr brave Kinder. Von der ältesten sagt man zwar, daß sie... Aber es ist nicht wahr!"

,,Also, was sagt man von ihr?"

,,Ich sage Euch doch, es ist nicht wahr."

,,Ich weiß, daß es nicht wahr ist, mich interessiert aber auch die Lüge."

,,Ach, wenn Ihr Euch alle Lügen, die bei uns in Kolomea herumgehen, anhören wolltet, würdet Ihr auch in drei Tagen und drei Nächten nicht fertig werden. Von der ältesten sagt man, daß sie statt der Perücke die eigenen Haare trägt. Ich bin aber Zeuge, daß es nicht wahr ist, sie ist zuwenig gebildet dazu. Was die zweite Tochter betrifft, so hat man einfach erfunden, daß sie schon als Mädchen... Aber was sich Kolomea nicht alles ausdenken kann! Es ist ja nicht wahr!"

„Ich glaube, es lohnt sich zu hören, was man sich bei Euch in Kolomea nicht alles ausdenken kann."

„Ich habe Euch doch schon gesagt, daß Kolomea eine Stadt von lauter Lügnern und Klatschmäulern ist. Ihr wißt doch, wenn in einer kleinen Stadt ein junges Mädchen bei finsterer Nacht allein mit einem jungen Mann über die Straße geht, so erregt das schon ein großes Aufsehen: Was hat so ein Mädchen bei Nacht in Kolomea allein mit einem Apothekengehilfen herumzugehen?"

„Das ist alles?"

„Was wollt Ihr denn noch? Daß sie am Jom Kippur mit ihm nach Czernowitz durchbrannte? So wie man sich ja auch von der Jüngsten einen netten Streich erzählt."

„So? Was denn?"

„Ach, es lohnt sich nicht, alle die Dummheiten, die bei uns in Kolomea umgehen, nachzuerzählen. Lügen erzähle ich nicht gern."

„Ihr habt jetzt schon so viele Lügen erzählt, erzählt auch die eine noch."

„Hört mal, mein Lieber, ich erzähle Euch nicht meine Lügen, sondern die anderer. Und überhaupt verstehe ich nicht, warum Ihr mich über jeden einzelnen so viel ausfragt? Wie ein Staatsanwalt! Es scheint, Ihr seid so einer, der es liebt, seinen Mitmenschen auszuforschen, zu inquirieren, ihm die Eingeweide aus dem Leibe zu ziehen, dagegen aber Angst hat, selber ein Wort aus dem Munde zu lassen. Nehmt es mir nicht übel, aber ich muß Euch die reine Wahrheit sagen: Ihr scheint mir aus Rußland zu sein, dort haben die Leute die schlimme Eigenschaft, dem andern mit den Stiefeln ins Herz hineinzutrampeln. Die russischen Juden sind offenbar gehörige Klatschmäuler. Im übrigen sind wir gleich in Kolomea. Es ist Zeit, die Sachen zu nehmen! Nichts für ungut!"

SCHOLEM ALECHEM

Die ewige Seligkeit

Wenn Ihr wollt, erzähle ich Euch eine hübsche Geschichte, wie ich einmal hineingefallen bin und beinahe für mein ganzes Leben unglücklich wurde. Und wie das kam? Doch nur, weil ich damals unerfahren und nicht allzu klug war. Es mag sein, daß ich auch heute nicht übermäßig gescheit bin, denn wäre ich gescheit, so hätte ich Geld. Wenn man Geld hat, dann ist man bekanntlich klug und schön und ein guter Sänger dazu.

Ich war damals noch ein junger Mann, aß Kest bei den Schwiegereltern, saß ruhig da, lernte und sah zuweilen hinter dem Rücken des Schwiegervaters und der Schwiegermutter auch in ein weltliches Buch hinein; das heißt, weniger hinter dem Rücken des Schwiegervaters als hinter dem der Schwiegermutter. Denn Ihr müßt wissen, meine Schwiegermutter war ein Dragoner, das heißt, sie hatte die Hosen an. Sie leitete die Geschäfte, sie verheiratete die Kinder und besorgte die Mitgift für die Töchter. Auch mich hatte sie selbst für ihre Tochter gewählt, in den Wissenschaften geprüft und aus Radomischl nach Swohil gebracht. Ich bin nämlich ein Radomischler, Ihr habt wohl sicher von dieser Stadt gehört.

Ich saß also in Swohil, aß Kest, schwitzte über dem Maimonides und ging niemals aus dem Hause. Als aber die Zeit der Musterung kam, mußte ich nach Radomischl hinüberfahren, um meine Papiere in Ordnung zu bringen, mich um ein Befreiungsprivileg zu bemühen und mir einen Paß zu beschaffen, wie es einmal nötig ist. Das war meine erste Reise in die weite Welt hinaus. Ich ging selbst auf den Markt, um mir ein Fuhrwerk zu mieten; ich tat es ganz allein, weil ich der Welt zeigen wollte, daß ich selbständig bin. Gott schickte mir eine billige Gelegenheitsfuhre, ich erwischte einen Goj aus Radomischl mit einem wunderbaren Schlitten – es war Winter – mit breitem Rücken und zwei Flügeln an den Seiten, wie bei einem Adler. Auf das Pferd hatte ich aber gar nicht geachtet, es war nämlich weiß, und ein weißes Pferd, sagte die Schwiegermutter, bedeutet Unglück. „Gebe Gott, daß ich unrecht behalte, aber ich habe das Gefühl", sagte sie, „daß diese Reise mit einem Unglück enden wird." – „Beiß dir die Zunge ab!" fiel ihr der Schwiegervater ins Wort, was er übrigens sofort bereute, denn er bekam von ihr auf der Stelle ein ordentliches Donnerwetter. Mir sagte er aber leise: „Das sind so Weibereinfälle!"

Ich machte mich also reisefertig, nahm Tallis und Tfillin, etwas Buttergebäck, ein wenig Geld für die Auslagen und drei Kissen: ein Kissen, um darauf zu sitzen, ein Kissen, um mich anzulehnen, und ein Kissen für die Füße. Und nun kam der Abschied. Wie es aber zum Abschiednehmen kommt, ist meine Zunge wie gelähmt! Es kommt mir so unschicklich vor, einem Menschen den Rücken zu kehren und ihn allein zurückzulassen. Ich weiß nicht, wie es Euch geht, aber für mich ist das Abschiednehmen eine der schwierigsten Sachen. Doch halt! Ich glaube, daß ich zu weit von der Geschichte abschweife.

Ich nahm also Abschied und machte mich auf nach Radomischl. Es war Wintersanfang, es hatte ordentlich geschneit, und der Schlittenweg war ausgezeichnet. Das Pferd war zwar weiß, flog aber so schnell dahin wie ein Pfeil. Und der Goj, den ich erwischt hatte, gehörte zu den Schweigsamen. Er war einer von den Gojim, die auf jede Frage entweder mit einem „Ehé!", das heißt „ja", oder mit einem „Ba-ni!", das heißt „nein", antworten und von denen man sonst nichts zu hören bekommt. Ich fahre nach dem Essen ab, bin in der besten Laune und habe ein Kissen unter mir, ein Kissen im Rücken und ein Kissen auf den Füßen. Das Pferd rennt, der Goj schnalzt mit der Zunge, der Schlitten fliegt, der Wind weht, und die Schneeflocken legen sich wie Bettfedern auf die Landstraße. Es ist mir so wohl zumute, ich fühle mich so frei und heiter: Ich fahre ja zum erstenmal in Gottes Welt hinaus und bin mein eigener Herr! Und ich lehne mich zurück und mache mich breit wie ein Graf.

Es ist aber Winterszeit. Wie warm man auch angezogen ist, hat man doch Lust, Station zu machen, in einer warmen Stube auszuruhen und dann weiterzufahren. Und ich male mir eine warme Schenke aus und einen kochenden Samowar auf dem Tisch und einen Teller heiße Suppe mit Suppenfleisch. Solcherlei Gedanken beklemmen mir das Herz, und ich fühle, daß ich unbedingt etwas in den Mund nehmen muß. Nun beginne ich meinen Goj auszufragen und möchte von ihm wissen, ob es noch weit bis zur nächsten Schenke ist. Antwortet er mir: ,,Ba-ni", das heißt ,,nein". Frage ich ihn: ,,Ist es nahe?" Antwortet er: ,,Ehé", das heißt ,,ja". Wie lange wir aber noch zu fahren haben, kann man von ihm unmöglich herausbekommen, und wenn man auch sein Leben läßt! Und ich stelle mir vor, was sich abgespielt hätte, wenn der Fuhrmann kein Goj, sondern ein Jude – es sei zwischen den beiden wohl unterschieden! – wäre, er hätte mir nicht nur ganz genau erklärt, wo die Schenke ist, sondern auch mitgeteilt, wer der Wirt ist und wie er heißt, und wieviel Kinder er hat, und welche Pachtsumme er zahlt, und was ihm die Schenke einbringt, und wie lange er sie schon hat, und wer sie vor ihm gehabt hat – lange Geschichten hätte er mir erzählt. Es ist doch wirklich ein sonderbares Volk! Ich meine unsere Juden, gesund sollen sie sein. Sie haben ein ganz anderes Blut, so wahr ich lebe!

So träumte ich von einer warmen Wirtsstube, einem heißen Samowar und ähnlichen guten Dingen, bis Gott sich meiner erbarmte, mein Goj mit der Zunge schnalzte und das Pferd etwas seitwärts lenkte. Und es zeigte sich ein kleines, graues, schneeverwehtes Häuschen, das inmitten der Schneefelder so trostlos, elend und einsam dalag wie ein vergessener Grabstein. Wir fuhren nobel vor, der Goj brachte das Pferd in den Stall, und ich begab mich in die Wirtsstube. Ich mache die Tür auf und bleibe starr an der Schwelle stehen. Was war das für eine Geschichte? Es war eine kurze, doch ,,schöne Geschichte". Mitten in der Wirtsstube lag auf dem Boden eine Leiche, mit einem schwarzen Tuch zugedeckt, ihr zu Häupten standen zwei Messingleuchter mit brennenden Kerzen, und abgerissene, verwahrloste kleine Kinder saßen um sie herum und klagten, weinten und jammerten: ,,Mutter! Mutter!" Und ein langer Kerl in einem zerrissenen Sommermantel, der durchaus nicht nach der Jahreszeit war, ging mit langen Beinen auf und ab, rang die Hände und redete zu sich selbst: ,,Was soll ich tun? Was soll ich anfangen?"

Natürlich verstand ich sofort, was das für eine ,,Hochzeit" war. Mein erster Gedanke war: Noiach, entflieh! Ich wollte auch wirklich fort, aber meine Füße waren plötzlich wie gelähmt, und ich konnte mich nicht vom Fleck rühren. Als der lange Kerl mit den langen Beinen mich erblickte, stürzte er zu mir und streckte mir die Hände wie ein Ertrinkender entgegen: ,,Was sagt Ihr zu meinem Unglück?" sagte er zu mir und zeigte auf die Gesellschaft, die am Boden saß und weinte. ,,Den Ärmsten ist die Mutter gestorben! Was soll ich tun? Was soll ich tun? Was soll ich tun?"

,,Gelobt sei der gerechte Richter!" sagte ich ihm und wollte ihn trösten, wie es sich schickt, er unterbrach mich aber und sagte: ,,Versteht mich, sie war schon seit Jahren so gut wie tot, denn sie hatte die schwere Krankheit, die richtige Schwindsucht, und wünschte sich selbst den Tod. Was soll ich aber tun? Was soll ich tun? Ich müßte in das nächste Dorf gehen und eine Fuhre suchen, um die Leiche nach dem Städtchen zu bringen. Wie soll ich aber die Kinder allein zurücklassen? Es ist ja schon bald Nacht! Was soll ich tun? Was soll ich tun?"

Bei diesen Worten begann der Mann zu weinen; es war ein merkwürdiges Weinen ganz ohne Tränen und klang mehr wie ein Lachen. Der Mann kostete mich wirklich ein Stück Gesundheit! Wer denkt noch an Hunger? Wer an Kälte? Ich vergaß alles und sagte ihm: ,,Ich fahre aus Swohil nach Radomischl und habe einen ausgezeichneten Schlitten. Wenn das Städtchen, von dem Ihr redet, nicht weit von hier ist, kann ich Euch meinen Schlitten geben und selbst hier warten, bis Ihr wieder zurückkommt."

,,Lange leben sollt Ihr für dieses gottgefällige Werk! Ihr erwerbt Euch damit die ewige Seligkeit, so wahr ich Jude bin!" sagte er zu mir und wollte mich umarmen. ,,Das Städtchen ist gar nicht weit von hier, höchstens vier oder fünf Werst. Es wird nicht mehr als eine Stunde dauern, und ich schicke Euch den Schlitten gleich wieder zurück. Ihr werdet Euch damit die ewige Seligkeit erwerben, so wahr ich Jude bin, die ewige Seligkeit! Kinder! Steht vom Boden auf, dankt diesem jungen Mann, küßt ihm Hände und Füße, weil er uns seinen Schlitten gibt, damit wir die Mutter an eine heilige Stätte bringen können! Die ewige Seligkeit verdient Ihr Euch damit, so wahr ich Jude bin, die ewige Seligkeit!"

Das Wort ,,Freude" kann ich nicht gut gebrauchen für das, was ich auslöste: denn wie die Kinder hörten, daß man ihre Mutter wegbringen will, fielen sie über die Leiche her und begannen mit neuen Kräften zu weinen. Aber es machte auf sie doch einen großen Eindruck, daß sich ein Mensch gefunden hatte, der ihnen diese Gnade erweisen wollte. Gott selbst hatte ihn wohl geschickt! Man sah mich wie einen Erlöser an, wie den Propheten Elia; ich muß Euch die Wahrheit sagen: auch ich selbst betrachtete mich in diesem Augenblick als einen nicht ganz gewöhnlichen Menschen, ich war in meinen eigenen Augen gewachsen und hielt mich für einen Helden. In diesem

Augenblick war ich imstande, Berge zu versetzen, die ganze Welt auf den Kopf zu stellen, keine Sache schien mir zu schwer, und fast unwillkürlich kamen mir die Worte aus dem Mund: „Wißt Ihr was? Ich will sie selbst mit meinem Schlitten hinbringen! So erspare ich Euch die Mühe, und Ihr braucht Eure Kinder nicht allein zu lassen."

Je mehr ich redete, um so mehr weinte die Familie. Sie sahen mich wie einen Engel vom Himmel an, und ich wuchs auch in meinen eigenen Augen immer mehr, beinahe in den Himmel hinein. Ich hatte sogar ganz vergessen, wie sehr ich mich sonst fürchtete, eine Leiche anzurühren: Mit meinen eigenen Händen half ich, sie aus dem Hause hinauszutragen und in den Schlitten zu legen. Ich versprach meinem Goj noch einen halben Rubel in bar und noch einen Schluck Branntwein dazu. Anfangs kratzte er sich hinterm Ohr und brummte etwas in den Bart; aber nach dem dritten Gläschen ließ er sich erweichen, und so machten wir uns zu dritt auf den Weg: das heißt ich und der Goj, er sei von mir wohl unterschieden, und die tote Wirtsfrau Chawe-Nechome. So hat sie geheißen: Chawe-Nechome, Tochter des Refoel-Michel. Den Namen weiß ich auch heute noch so genau, wie wenn die Geschichte sich erst gestern zugetragen hätte; während der ganzen Fahrt memorierte ich in einem fort den Namen, den mir ihr Mann gesagt hatte – um einen Menschen zu beerdigen, muß man doch seinen vollständigen Namen wissen.

So wiederholte ich während der ganzen Fahrt vor mich hin: Chawe-Nechome, Tochter des Refoel-Michel! Chawe-Nechome, Tochter des Refoel-Michel! Chawe-Nechome, Tochter des Refoel-Michel! Dabei hatte ich den Namen des Mannes ganz vergessen. Er hatte mir aber auch seinen eigenen Namen angegeben und gesagt, ich solle mich im Städtchen nur auf ihn berufen, dann würde man mir die Leiche sofort abnehmen, so daß ich gleich weiterfahren könnte. In diesem Städtchen, sagte er, verbringe er jahraus, jahrein die hohen Feiertage und lasse den Leuten so viel Geld für ihre Synagoge und das Bad zurück, daß sie ihn alle gut kennen. Der Wirt sagte mir noch, wohin ich mich mit der Leiche wenden und was ich dort sagen solle, aber das alles flog mir sofort aus dem Kopfe! Alle meine Gedanken drehten sich nur um den einen Punkt: Ich führe eine Leiche mit mir, und das allein genügte schon, um alles andere zu verdrängen; ich wußte nicht einmal, wie ich selbst heiße, geschweige denn, wie der Mann heißt. Schon als Kind hatte ich eine unheimliche Angst vor Leichen. Und auch heute bleibe ich um nichts in der Welt mit einer Leiche allein, und wenn Ihr mich auch mit Gold überschüttet. Es scheint mir immer, daß die halb offenen, erstarrten Augen mich anglotzen, daß die geschlossenen Lippen sich gleich auftun müssen und eine schmerzliche Stimme erklingen wird; beim bloßen Gedanken an sie kann

man ohnmächtig werden! Nicht umsonst erzählt man sich bei uns so viele Geschichten von Toten: wie Menschen vor Schreck verrückt geworden sind und selbst den Geist aufgegeben haben.

So fuhren wir also zu dritt mit der Leiche. Ich trat ihr eines meiner Kissen ab und legte sie quer zu meinen Füßen. Um die trüben Gedanken von mir fernzuhalten, blickte ich immer zum Himmel hinauf und wiederholte leise vor mich hin: Chawe-Nechome, Tochter des Refoel-Michel! Chawe-Nechome, Tochter des Refoel-Michel! Bis ich alle diese Namen durcheinanderbrachte und schließlich sagte: Chawe-Refoel, Tochter des Nechome-Michel oder gar: Refoel-Michel, Tochter der Chawe-Nechome. Und ich merkte gar nicht, daß es immer dunkler wurde, daß der Wind immer stärker blies und der Schnee so dicht fiel, bis man schließlich nichts vom Wege sah und wir ohne Weg und Steg, nur auf Gottes Barmherzigkeit bauend, durch die Welt fuhren. Mein Goj brummte, anfangs leise, dann immer lauter und lauter, und ich könnte schwören, daß er mich mit den wüstesten Flüchen bedachte. Fragte ich ihn: „Goj, was hast du?", spuckte er aus, tat den Mund auf und überschüttete mich mit Worten. Ich habe ihn, sagte er, und sein Pferd zugrunde gerichtet. Weil wir die Leiche auf dem Schlitten haben, ist das Pferd vom Wege abgekommen, und Gott allein weiß, wie lange wir noch herumirren werden; die Nacht bricht schon an, und wir sind verloren!

Diese Nachricht machte auf mich solchen Eindruck, daß ich im Begriff war, umzukehren, die Leiche wieder in die Schenke zu bringen und auf die ewige Seligkeit zu verzichten. Sagte mir aber der Goj, daß das nicht geht; er weiß überhaupt nicht mehr, wo die Schenke liegt, denn wir drehen uns im Kreise. Der Weg war verschneit, der Himmel finster, die Nacht war angebrochen und das Pferd todmüde. Einen plötzlichen Tod wünschte er dem Wirt und auch allen anderen Wirten der ganzen Welt. Er hätte sich lieber ein Bein brechen sollen, sagte er, als in diese Schenke einzukehren: Ach, wäre er doch beim ersten Glas Branntwein erstickt und hätte nicht dieses Unglück auf sich geladen und für einen halben Rubel sein Leben und das Leben seines Pferdes verkauft. Um ihn selbst, sagte er, ist es weniger schade. Aber was kann das Pferd dafür? Was hat das Pferd verbrochen? Es ist ja nur ein unschuldiges Vieh, das nichts weiß.

Ich könnte schwören, daß ihm Tränen in den Augen standen. Um ihn zu trösten, verspreche ich ihm noch einen halben Rubel und noch zwei Schluck Branntwein. Da gerät er aber in Zorn und sagt mir ganz offen, daß er mich, wenn ich nicht sofort schweige, mitsamt der Leiche aus dem Schlitten hinauswirft! Und ich denke mir: Was fange ich an, wenn er mich wirklich aus dem Schlitten hinauswirft? Was so einem Goj nicht alles einfallen kann, wenn er zornig wird! Ich muß also schweigen, ruhig in meinen Kissen sitzen und achtgeben, daß ich nicht einschlafe. Erstens, wie kann ich einschlafen, wenn mir eine Leiche vor den Füßen liegt? Und zweitens, es soll schon vorgekommen sein, daß mancher, der bei starkem Frost im Freien einschlief, nie wieder erwachte. Doch wie zum Trotz fallen mir die Lider zu, ich könnte mein Leben hingeben, wenn ich nur eine Minute schlafen könnte! Und ich halte mir die Augen gewaltsam offen, aber die Lider gehorchen mir nicht und fallen immer wieder zu. Und der Schlitten gleitet über den weißen, tiefen, weichen Schnee, und ein sonderbares Wonnegefühl zieht mir durch alle Glieder, und es ist mir so wohl ums Herz, und ich habe nur den einen Wunsch, daß dieser Zustand ewig dauern möchte. Aber eine Stimme raunt mir immer zu: „Schlafe nicht, Noiach, schlafe nicht!" Und ich reiße die Augen auf, und statt des Wonnegefühls fühle ich nur Kälte, und es ist mir so schwer zumute, und mich befällt eine Angst, vor der der Herr einen jeden behüten möchte! Es kommt mir vor, als ob die Leiche sich bewegte und mich mit den halbgeschlossenen Augen anglotzte, als wollte sie sagen: „Was habe ich verbrochen, ich arme tote Frau, Mutter kleiner Kinder, daß du mich um ein jüdisches Grab bringst?" Und der Wind heult und pfeift mir in die Ohren und raunt mir ein furchtbares Geheimnis zu. Schreckliche Gedanken, grauenhafte Bilder ziehen mir durch den Sinn, und ich stelle mir vor, daß wir alle im Schnee begraben sind, ich und der Goj – er sei von mir wohl unterschieden – und sein Pferd und die Leiche. Wir sind alle tot, und nur die Leiche allein, des Schenkwirts Frau, ist merkwürdigerweise lebendig.

Plötzlich höre ich, wie mein Fuhrmann mit der Zunge schnalzt, Gott dankt und erleichtert aufatmet. Mir ist es, wie wenn eine neue Seele in mich eingezogen wäre, und ich sehe in der Ferne ein Licht. Das Licht verschwindet und erscheint wieder. „Eine Menschenwohnung!" denke ich mir und preise Gott aus vollem Herzen und sage zu meinem Goj: „Wir sind wohl schon", sage ich, „auf dem richtigen Wege? Es scheint", sage ich, „daß wir bald im Städtchen sind?" – „Ehé!" sagt er mir in seinem früheren Ton, ganz ohne Zorn, und ich möchte ihn von hinten umarmen und ihn in den Rücken küssen für die frohe Botschaft, für sein kurzes, stilles „Ehé", das mir in diesem Augenblick lieber ist als die schönste und klügste Predigt. „Wie heißt du?" frage ich ihn und wundere mich selbst, daß ich ihn nicht schon früher nach seinem Namen gefragt habe. „Mikita", antwortet er kurz, wie es seine Gewohnheit ist. „Mikita?" frage ich, und dieser Name kommt mir plötzlich so schön vor. „Ehé", antwortet er mir. Ich habe so große Lust, noch einige Worte aus seinem Munde zu hören, denn Mikita ist mir plötzlich der liebste Mensch auf der Welt. Auch für sein Pferd empfinde ich Liebe. Also beginne ich mit ihm ein Gespräch über sein Pferd. Ich sage ihm, daß er ein gutes Pferd hat, ein ganz ausgezeichnetes Pferd. Antwortet er mir darauf: „Ehé!" –

„Auch dein Schlitten ist gut, es ist ein ausgezeichneter Schlitten!" Antwortet er wieder: „Ehé!" Sonst kann ich aber von ihm kein Wort zu hören bekommen, und wenn ich ihn auch in Stücke schneide. „Magst du denn nicht reden, Mikita, mein Herz?" Antwortet er: „Ehé!" Und ich mußte lachen, es war mir so froh zumute, wie wenn ich die Festung Otschakow erstürmt oder einen Schatz gefunden oder eine Neuigkeit entdeckt hätte, von der kein Mensch etwas weiß! Mit einem Wort – ich war glücklich, überglücklich! Wißt Ihr was? Ich wollte sogar meine Stimme erheben und singen, so wahr ich lebe! Diese Angewohnheit habe ich seit jeher: Wenn es mir wohl zumute ist, singe ich. Mein Weib, leben soll sie, kennt diese Angewohnheit und fragt mich manchmal: „Was gibt's schon wieder, Noiach? Wieviel hast du verdient, daß du so singst?" Die Weiber glauben nämlich mit ihrem Weiberverstand, daß es einem Menschen nur dann wohl zumute ist, wenn er etwas verdient hat; als ob ein Mensch sonst nicht guter Laune sein kann! Wie ist es nur zu erklären, daß unsere Weiber viel mehr auf Geld versessen sind als wir Mannsbilder? Und wer plagt sich ab, um das Geld zu verdienen? Wir oder sie?

Doch halt, ich glaube, ich schweife wieder von der Geschichte ab.

Wir kamen also mit Gottes Hilfe in das Städtchen. Das Städtchen lag noch im tiefsten Schlaf, denn es war noch lange vor Tag. Man sah kein einziges Licht, und wir entdeckten mit großer Mühe ein Häuschen mit einem breiten Tor und einem Besen über dem Tor; das deutete auf ein Gasthaus hin. Wir machten halt, stiegen vom Schlitten, klopften mit den Fäusten ans Tor und sahen endlich in einem der Fenster Licht. Dann hörten wir Schritte auf dem Hof und eine Stimme, die uns hinter dem Tore anrief: „Wer ist da?"

„Macht auf", sagte ich, „wenn Ihr aufmacht, erwerbt Ihr Euch die ewige Seligkeit!"

„Die ewige Seligkeit? Wer seid Ihr denn?" fragte die Stimme hinter dem Tore, und ich hörte, wie das Schloß aufgesperrt wurde.

„Macht auf", sagte ich, „ich habe eine Leiche bei mir."

„Eine was?"

„Eine Leiche!"

„Was heißt eine Leiche?"

„Eine Leiche heißt ein toter Mensch. Eine tote Frau habe ich hergebracht, aus einer Schenke an der Landstraße."

Hinter dem Tore wurde es still. Ich hörte nur, wie der Schlüssel wieder umgedreht wurde und die Schritte sich entfernten. Bald darauf sah ich auch, wie das Licht im Fenster erlosch. Nun steh da und schrei zu Gott! Ich ärgerte mich sehr und sagte zu meinem Goj, er solle mir helfen, mit den Fäusten ans Fenster zu klopfen. Und wir klopften so kräftig, daß schließlich wieder Licht gemacht wurde und hinter dem Tore dieselbe Stimme erklang: „Was wollt Ihr von mir haben? Was ist das für eine Belästigung?"

„Um Gottes willen", flehte ich, wie man einen Räuber um sein Leben anfleht: „Habt Erbarmen! Ich habe ja eine tote Frau bei mir!"

„Was für eine Frau?"

„Die Frau vom Schenkwirt."

„Von was für einem Schenkwirt?"

„Ich habe vergessen, wie er heißt, aber sie heißt Chawe-Michel, Tochter des Chane-Refoel, ich will sagen Chane-Refoel, Tochter des Chawe-Michel, ich meine Chane-Chawe..."

„Macht, daß Ihr weiterkommt! Sonst gieße ich Euch einen Eimer Wasser auf den Kopf!"

So sagte zu mir der Wirt und ging wieder vom Tore weg und löschte das Licht aus. Was sollte ich anfangen? Erst nach einer Stunde, als es schon tagte, ging das Tor ein wenig auf, ein Kopf voller Bettfedern im schwarzen Haar und Bart zeigte sich in der Spalte und fragte: „Seid Ihr es, der ans Fenster geklopft hat?"

„Ich. Wer denn sonst?"

„Was wolltet Ihr?"

„Ich habe eine Leiche hergebracht."

„Eine Leiche? Die müßt Ihr zum Schammes der Chewra Kaddischa bringen."

„Wo wohnt denn Euer Schammes? Und wie heißt er?"

„Jechiel heißt er, der Schammes, und er wohnt in der Nähe des Bades."

„Und wo ist hier das Bad?"

„Ihr wißt nicht, wo das Bad ist? Seid Ihr nicht von hier? Woher seid Ihr, junger Mann?"

„Woher ich bin? Aus Radomischl bin ich, aber ich komme aus Swohil, und die Leiche ist aus einer Schenke an der Landstraße. Es ist des Schenkwirts Weib, an der Schwindsucht ist sie gestorben."

„Nicht auf Euch gedacht! Was geht die Leiche Euch an?"

„Mich? Mich geht sie gar nichts an. Ich fuhr an der Schenke vorbei, und der Schenkwirt bat mich darum. Er wohnt im freien Felde mit kleinen Kindern, konnte die Leiche nirgends unterbringen und bat mich um die Gefälligkeit. Er sagte, daß ich mir damit die ewige Seligkeit erwerbe. Warum sollte ich ihm den Gefallen nicht tun?"

„Die Geschichte ist wohl doch nicht so einfach", sagte er zu mir. „Ihr werdet mit den Gabbojim reden müssen."

„Und wer sind hier die Gabbojim? Wo wohnen sie?"

„Was, die Gabbojim kennt Ihr auch nicht? Der Gabbe Reb Schepsel wohnt hinter dem Markt, Reb Elieser-Moische mitten auf dem Markt und Reb Jossi neben dem alten Lehrhaus. Vor allen Dingen müßt Ihr mit Reb Schepsel reden, er ist hier das Oberhaupt. Ein harter Mensch ist er, das muß ich Euch gleich sagen, so leicht werdet Ihr bei ihm nichts durchsetzen."

„Danke schön", sagte ich, „ich wünsche Euch, daß es Euch einmal beschert sein soll, einem Menschen angenehmere Dinge mitzuteilen! Wann kann ich die Gabbojim sehen?"

„Was heißt wann? So Gott will, gleich am Morgen nach dem Beten."

„Masel-tow! Was soll ich aber inzwischen tun? Laßt mich doch wenigstens ein, damit ich mich wärmen kann. Oder bin ich nach Sodom geraten?"

Als der Wirt diese Worte hörte, machte er das Tor hübsch wieder zu, drehte den Schlüssel um, und es wurde wieder still wie auf einem Friedhof. Was sollte ich tun? Wir standen mit dem Schlitten mitten auf der Straße, Mikita schimpfte, brummte, kratzte sich hinter dem Ohr, spuckte und fluchte: Ein plötzlicher Tod, sagte er, möge den Gastwirt befallen und alle Gastwirte der ganzen Welt. Ihn selbst, sagte er, mag der Teufel holen! Aber sein Pferd tut ihm leid. Was hat, sagte er, sein Pferd verbrochen, daß es erfrieren und verhungern muß? Ein unschuldiges, stummes Tier, sagte er, das nichts begreift.

Ich mußte mich vor dem Goj furchtbar schämen, und ich dachte mir: Was mag so ein Goj von uns Juden denken? Wie stehen wir, die wir uns Barmherzige, Söhne von Barmherzigen nennen, vor den Gojim da, von denen wir sagen, daß sie rohe Kerle sind? Wenn ein Jude seine Tür vor dem andern Juden verschließt und ihm nicht erlaubt, sich in seiner Stube zu wärmen, so verdienen wir doch wirklich alles, was man uns antut, und noch dreimal soviel! So rechtfertigte ich alle Plagen, die wir von den andern zu erdulden haben, und beschuldigte das ganze Volk, wie es der Jude immer tut, wenn ihm ein anderer Jude eine Gefälligkeit versagt. Kein anderes Volk verleumdet uns so, wie wir uns selbst verleumden. Tausendmal am Tage könnt ihr von jedem beliebigen Juden solche Worte hören: „Mit einem Juden ist nicht zu spaßen!" – „Mit dem Juden soll man nichts zu tun haben!" – „Mit einem Juden ist nur gut Kugel essen!" – „Das kann sich nur ein Jude erlauben!" Und noch viele andere ähnliche Urteile und Komplimente kann man täglich zu hören bekommen. Ich möchte gerne wissen, ob auch die andern Völker so sind: Ob auch ein Goj, wenn ihm ein anderer Goj nicht helfen will, auf das ganze Volk zu schimpfen beginnt und sagt, es sei nicht wert, daß die Erde es trage? Aber halt! Ich schweife wieder zu weit ab.

Standen wir also mit dem Schlitten mitten auf dem Markt und warteten, daß die Stadt ein Lebenszeichen von sich gibt. Und wir erlebten es auch wirklich: Irgendwo knarrte eine Tür, klirrte ein Eimer, aus zwei oder drei Schornsteinen stieg Rauch auf, und die Hähne krähten immer lauter und lebhafter. Die Türen gingen eine nach der anderen auf, und auf der Straße zeigten sich allerlei Geschöpfe und Gestalten: Kühe, Kälber, Ziegen und – sie seien von ihnen wohl unterschieden! – Männer, Weiber und Mädchen in warmen Tüchern; mit einem Worte, das Städtchen war erwacht wie ein lebendiger Mensch. Es wusch sich die Hände, kleidete sich an und ging an die Arbeit: Die Männer gingen an den Dienst des Herrn – beten, lernen, Psalmen lesen; und die Weiber an die Öfen und Herde, an die Kälber und Ziegen.

Nun begann ich mich nach den Gabbojim zu erkundigen: Wo wohnt Reb Schepsel, wo Reb Elieser-Moische, wo Reb Jossi? Begannen mich die Leute ihrerseits auszufragen, welchen Schepsel, welchen Elieser-Moische und welchen Jossi ich meine? Es gibt, sagten sie, hier im Städtchen mehrere Schepsels, mehrere Elieser-Moisches und mehrere Jossis. Und als ich ihnen sagte, daß ich die Gabbojim von der Chewra Kaddischa suche, erschraken sie und fragten mich, wozu ich wohl zu einer so frühen Stunde die Gabbojim von der Chewra Kaddischa brauche. Ich ließ sie nicht lange fragen, sondern enthüllte ihnen mein Herz und erzählte ihnen die Geschichte von der Last, die ich auf mich genommen hatte. Ihr hättet sehen sollen, welchen Eindruck es auf die Leute machte! Meint Ihr vielleicht, daß sie sich beeilten, mich von meiner Last zu befreien? Gott behüte! Jeder einzelne ging zum Schlitten, um sich zu vergewissern, ob ich die Wahrheit gesprochen habe und ob darin tatsächlich eine Leiche liege. So standen wir von einem Rudel Menschen umgeben, die sich in einem fort ablösten. Da es kalt war, gingen die einen schnell nach Hause, und für sie kamen andere. Sie schauten alle in den Schlitten hinein, schüttelten die Köpfe, zuckten die Achseln, erkundigten sich nach der Leiche, woher sie stamme und wer ich sei und wie ich zu der Leiche komme. Aber niemand dachte daran, mir irgendwie behilflich zu sein. Mit großer Mühe erreichte ich es schließlich, daß man mir die Wohnung Reb Schepsels zeigte.

Ich traf Reb Schepsel, den Gabbe, mit Tallis und Tfillin angetan, mit dem Gesicht zur Wand stehend: Er betete mit solcher Inbrunst und solcher Andacht, daß selbst die Wände mitzusingen schienen. Er rang die Hände, schrie und schnitt merkwürdige Grimassen. Ich hatte große Freude an diesem Anblick: Erstens höre ich immer gerne zu, wenn einer mit solcher Inbrunst betet; und zweitens konnte ich mir inzwischen meine erfrorenen Glieder etwas erwärmen.

Als Reb Schepsel mir schließlich sein Gesicht zukehrte, standen ihm noch die Tränen der Rührung in den Augen, und er kam mir wie ein göttlicher Mann, wie ein Heiliger vor, dessen Seele von allem Irdischen ebenso weit entfernt ist wie sein fetter Leib vom Himmlischen. Da er mit seinem Morgengebet noch nicht zu Ende war und es durch profane Worte nicht unterbrechen wollte, begann er mit mir in der „heiligen Sprache" zu reden, das heißt in einer Sprache, die aus Handbewegungen, Augenzwinkern, Achselzucken, Kopfschütteln und einigen hebräischen Brocken bestand. Wenn Ihr wollt, kann ich Euch dieses Gespräch wörtlich wiedergeben; ich redete jiddisch und er, wie gesagt, hebräisch.

„Friede sei mit Euch, Reb Schepsel."

„Auch mit Euch sei Friede. Setzt Euch."

„Danke, ich habe schon genug gesessen."

„Nun? Was?"

„Ich möchte Euch um etwas bitten, Reb Schepsel. Ihr könnt Euch damit die ewige Seligkeit erwerben."

„Die ewige Seligkeit? Gut. Nun? Wie?"

„Ich hab' Euch eine Leiche gebracht."

„Leiche? Wer ist die Leiche?"

„Hier in der Nähe gibt es an der Landstraße eine Schenke, und der Schenkwirt ist ein armer Mann. Seine Frau ist, nicht auf Euch gedacht, an der Schwindsucht gestorben und hat kleine Kinder hinterlassen. Wenn ich mich seiner nicht angenommen hätte, so weiß ich gar nicht, was der Schenkwirt mitten im Felde mit der Leiche angefangen hätte."

„Gelobt sei der gerechte Richter. Nun? Geld? Chewra Kaddischa?"

„Was für Geld? Wer hat Geld? Der Schenkwirt ist ein armer Mann, nur mit Kindern gesegnet! Ihr werdet Euch die ewige Seligkeit erwerben, Reb Schepsel!"

„Die ewige Seligkeit? Gut, sehr gut! Aber wie? Spital! Juden! Auch sie sind Bettler! Alle!"

Da ich unmöglich verstehen konnte, was er damit sagen wollte, wandte er sich wieder mit dem Gesicht zur Wand und betete weiter, aber nicht mehr mit der gleichen Andacht wie vorher. Seine Stimme klang um einige Töne tiefer, und er wiegte sich dabei auch viel schneller als zuvor. Er eilte wie mit einem Schnellzug. Er betete schnell zu Ende, nahm Tallis und Tfillin ab und fiel über mich mit großem Zorn her, als ob ich ihm ein Geschäft verdorben oder den Kaftan zerrissen hätte.

„Unerhört!" sagte er mir. „Das Städtchen ist arm, es hat für seine eigenen Bettler zu sorgen und muß ihnen, wenn sie sterben, auch noch die Sterbegewänder liefern. Und da bringt man uns Leichen von auswärts her! Alle Leichen der ganzen Welt bringt man her!" Sagte ich ihm darauf, daß ich an der Sache unschuldig sei, daß ich das gottgefällige Werk auf mich freiwillig genommen hätte; solle er sich denken, daß man draußen im Felde eine Leiche gefunden hätte, der man zu einem jüdischen Grabe verhelfen müsse.

„Ihr seid doch", sagte ich ihm, „ein anständiger Mensch und ein frommer Jude, und Ihr könnt Euch damit die ewige Seligkeit erwerben!" Da fiel er noch mehr über mich her. Ich kann fast sagen, daß er mich hinauswarf; er warf mich eigentlich nicht hinaus, aber setzte mir mit seinen Worten so zu, daß ich von selbst ging.

„So? Ihr seid ein junger Mann, der die ewige Seligkeit zu vergeben hat? Geht also einmal durch unser Städtchen und schaut, daß die Leute nicht vor Hunger und Kälte sterben. Damit könnt Ihr Euch wahrlich die ewige Seligkeit erwerben! Ein junger Mann, der mit der ewigen Seligkeit handelt! Geht mit Eurer Ware zu den Gottlosen, die können sie brauchen. Wir haben unsere eigenen frommen Verdienste und gottgefälligen Werke, und wenn es einen von uns nach der ewigen Seligkeit gelüstet, so findet er auch ohne Euch Rat!"

So sprach zu mir der Gabbe Reb Schepsel und begleitete mich hinaus und schlug die Türe hinter mir zu. Ich schwöre Euch – wir sehen uns ja zum ersten und vielleicht auch zum letzen Mal –, von jenem Morgen an bekam ich einen besonderen Haß gegen alle frommen altmodischen Juden, die mit Andacht und Inbrunst beten; einen Haß gegen die Juden, die Gott dienen und vorgeben, alles in Gottes Namen zu tun. Werdet Ihr mir vielleicht darauf einwenden, daß es bei den Modernen und Aufgeklärten noch weniger Wahrheit und Recht gibt als bei den Frommen? Es ist möglich, daß Ihr recht habt, aber über die andern ärgert man sich weniger, denn sie reden wenigstens nicht von Gott! Werdet Ihr wohl fragen, warum die Aufgeklärten soviel von Wahrheit und Recht reden, wenn es aber zum Handeln kommt, nicht besser als die anderen sind? Aber halt! Ich schweife schon wieder von meiner Geschichte ab.

So hatte mich der Gabbe Reb Schepsel, mit Verlaub zu sagen, hinausgeworfen. Was sollte ich tun? Nun hieß es, die andern Gabbojim aufzusuchen. Es geschah mir aber ein Wunder, ein göttliches Wunder: Ich sparte den Weg zu den Gabbojim, denn die Gabbojim kamen mir selbst entgegen. Ich stieß mit ihnen gleich vor der Türe des Reb Schepsel zusammen.

„Seid Ihr vielleicht der junge Mann mit der Ziege?"

„Mit was für einer Ziege?"

„Seid Ihr der junge Mann, der die Leiche hergebracht hat?"

„Ja, das bin ich. Was ist?"

„Kommt zurück zu Reb Schepsel, und wir wollen über die Sache reden."

„Reden?" sage ich. „Was soll man da lange reden? Nehmt mir die Leiche ab, laßt mich weiterfahren und erwerbt Euch damit die ewige Seligkeit."

„Hält Euch denn jemand zurück?" sagen sie zu mir. „Fahrt mit Eurer Leiche, wohin Ihr wollt, selbst nach Radomischl. Wir werden Euch dafür sogar dankbar sein."

,,Und ich danke Euch für den guten Rat", sage ich.

,,Keine Ursache", sagen sie zu mir, und wir gehen alle drei zu Reb Schepsel zurück. Die drei Gabbojim beginnen zu reden, zu streiten und zu schimpfen. Die beiden, mit denen ich gekommen bin, sagen zu Reb Schepsel, daß er ein harter Mensch ist, der sich niemals erweichen läßt. Und er verteidigt sich mit Texten wie zum Beispiel: ,,Die Armen deiner eigenen Stadt gehen vor."

Fallen die andern beiden über ihn her: ,,Und wennschon? Wollt Ihr vielleicht, daß der junge Mann mit der Leiche wieder zurückfährt?"

,,Gott behüte!" sage ich. ,,Was heißt, ich soll mit der Leiche wieder zurückfahren? Ich bin schon jetzt halbtot und habe beinahe mein Leben draußen auf dem Felde gelassen. Der Goj, lange leben soll er, wollte mich aus dem Schlitten werfen. Ich bitte Euch, habt Erbarmen, befreit mich von der Leiche, Ihr werdet Euch damit die ewige Seligkeit erwerben."

,,Die ewige Seligkeit ist doch sicher ein guter Bissen", antwortet mir einer von den beiden, ein langer, hagerer Mann mit langen knochigen Fingern, den man Elieser-Moische nennt. ,,Wir wollen Euch die Leiche abnehmen und mit ihr tun, was ihr Recht ist. Aber einige Rubel wird Euch die Sache doch kosten müssen."

,,Was heißt das?" sage ich. ,,Es ist wohl nicht genug, daß ich das gottgefällige Werk auf mich genommen habe, daß ich im Felde beinahe umgekommen bin und daß der Goj, lange leben soll er, mich aus dem Schlitten hinauswerfen wollte – und Ihr redet gar von Geld?"

,,Dafür erwerbt Ihr Euch aber die ewige Seligkeit!" sagt zu mir Reb Schepsel mit einem so gemeinen Lächeln, daß ich ordentlich Lust habe, über ihn herzufallen; ich beherrsche mich aber, denn ich bin ja in ihrer Gewalt!

,,Laßt Euch noch folgendes sagen", sagt mir der dritte Gabbe, den man Reb Jossi nennt, ein kleines Männchen mit einem zur Hälfte ausgerupften Bärtchen: ,,Ihr müßt bedenken, junger Mann, daß Ihr noch eine andere unangenehme Sache auf dem Halse habt: Ihr habt ja keine Papiere!"

,,Was für Papiere?" frage ich ihn.

,,Woher sollen wir wissen, wer die Leiche ist? Vielleicht verhält sich die Sache gar nicht so, wie Ihr sie erzählt?" sagt zu mir der Lange mit den spitzen Fingern, das heißt Elieser-Moische.

Ich stehe da und schaue sie abwechselnd an. Der Lange mit den spitzen Fingern, den man Reb Elieser-Moische nennt, schüttelt den Kopf, zeigt auf mich mit seinem dürren Finger und sagt: ,,Ja, ja, es ist wohl möglich, daß Ihr irgendeine Frau, vielleicht sogar Euer eigenes Weib, ermordet habt, die Leiche zu uns bringt und uns eine lange Geschichte von einer Schenke erzählt, von der Frau des Schenkwirts, von Schwindsucht, kleinen Kindern und von ewiger Seligkeit."

Als ich diese Worte hörte, wurde ich wohl totenblaß, denn der Kleine, den man Reb Jossi nannte, versuchte mich zu trösten. Er sagte mir, daß sie selbst gegen die Sache nichts einzuwenden haben; sie hätten gar keinen Verdacht gegen mich und wüßten ganz gut, daß ich kein Räuber und kein Mörder sei. Ich sei aber doch nur ein Fremder, sagte er, und eine Leiche sei doch etwas anderes als ein Sack Kartoffeln. Es handele sich ja, sagte er, um einen toten Menschen. Dazu hätten sie im Städtchen einen Kronrabbiner und einen Urjadnik – sie seien voneinander wohl unterschieden –, und man müsse ein Protokoll aufnehmen.

„Ja, ja, ein Protokoll! Ein Protokoll!" fällt ihm der Lange, den man Elieser-Moische nennt, ins Wort, zeigt auf mich mit dem Finger und schaut mich mit solchen Augen an, als ob ich wirklich eine Mordtat auf dem Gewissen hätte. Ich finde keine Worte mehr. Ich fühle nur, wie mir kalter Schweiß auf die Stirn tritt, ich könnte, nicht auf Euch gedacht, in Ohnmacht fallen. Ich sehe meine verzweifelte Lage wohl ein und begreife, wie furchtbar ich hereingefallen bin, und fühle zugleich Scham und Furcht. Nun sage ich mir: Was soll ich noch lange Geschichten machen? Also hole ich meinen Geldbeutel aus der Tasche und sage zu den drei Gabbojim von der Chewra Kaddischa: „Hört mich an: Ich sehe schon, daß ich ordentlich hereingefallen bin. Das war sicher ein Werk des Teufels, daß ich in die Schenke einkehrte gerade an dem Tage, als es der Frau des Schenkwirts einfiel, den Geist aufzugeben, und daß ich ausgerechnet auf einen armen Schenkwirt gestoßen bin, der mit Kindern gesegnet ist und mir zuredet, daß ich mir die ewige Seligkeit erwerbe. Nun muß ich dafür Lehrgeld zahlen. Da habt Ihr meinen Geldbeutel, es sind wohl an die siebzig Rubel darin; nehmt Euch das Geld und tut damit, was Ihr wollt; laßt mir nur so viel übrig, daß ich bis Radomischl kommen kann. Nehmt mir nur die Leiche ab und laßt mich lebend von dannen ziehen."

In meinen Worten lag wohl eine große Kraft, denn alle drei Gabbojim wechselten Blicke, rührten meinen Geldbeutel gar nicht an und sagten mir, daß ich, Gott sei Dank, nicht nach Sodom gekommen sei; das Städtchen, sagten sie, sei allerdings ein armes Städtchen, und es gäbe hier mehr Bettler als Reiche, sie hätten aber doch nicht die Manier, einen fremden Menschen zu überfallen und auszurauben. Wenn ich ihnen etwas geben wolle, so ist es gut – umsonst könnten sie die Leiche nicht beerdigen, denn das Städtchen sei, wie gesagt, arm; und man brauche Geld für den Schammes, für die Sargträger, für die Sterbegewänder, für den Platz auf dem Friedhofe und für sonstige Auslagen; ich brauchte dabei aber nicht mit dem Gelde um mich zu werfen, das hätte ja schon gar keine Grenzen!

Mein Gott, was soll ich Euch noch viel erzählen! Wenn der Schenkwirt auch fünfmalhunderttausend Rubel besäße, könnte seine Frau kein schöneres Begräbnis gehabt haben, als sie es hatte! Das ganze Städtchen war zusammengelaufen, um den jungen Mann anzuschauen, der die Leiche gebracht hatte. Einer erzählte es dem andern, daß der junge Mann seine reiche Schwiegermutter beerdige; wo sie es herhatten, daß es meine Schwiegermutter sei, weiß ich wirklich nicht! Also kamen alle, den jungen Mann zu begrüßen, der seine reiche Schwiegermutter beerdigt und mit Geld um sich wirft. Man zeigte auf mich mit den Fingern. Und erst die Bettler – wie Sand am Meer! Seit ich lebe und seit ich auf meinen Füßen stehe, habe ich noch nie soviel Bettler gesehen! Die Bettler, die sich am Vorabend von Jom Kippur vor der Synagoge versammeln, sind nichts dagegen! Man zupfte mich an den Rockschößen, man riß mich förmlich in Stücke. Das ist doch wirklich keine Kleinigkeit: ein junger Mann, der so mit Geld um sich wirft!

Zum Glück nahmen sich die Gabbojim meiner an und verhinderten es, daß ich mein ganzes Geld weggab. Der Lange mit den spitzen Fingern, den man Elieser-Moische nannte, wich für keinen Augenblick von meiner Seite und redete mir immer zu: „Junger Mann, werft nicht so mit dem Geld herum! Das hat ja schon gar keine Grenzen ..." Doch je mehr er redete, um so mehr umdrängten mich die Bettler. Sie rissen mir förmlich das Fleisch vom Leibe. „Es wird ihm nicht schaden!" schrien sie. „Wenn er die reiche Schwiegermutter beerdigt, so kann er es sich auch ein paar Rubel kosten lassen. Von der Schwiegermutter hat er doch genug geerbt!"

„Junger Mann!" schreit einer der Bettler und zieht mich am Rockschoß. „Junger Mann! Gebt uns beiden einen halben Rubel! Oder wenigstens zwanzig Kopeken! Wir sind zwei geborene Krüppel, der eine blind, der andere krumm, gebt uns wenigstens einen Gulden, einen Gulden, zwei Krüppel sind doch immerhin einen Gulden wert!"

„Warum hört Ihr zu, was er Euch von Krüppeln erzählt?" schreit ein anderer Bettler und stößt den ersten mit dem Fuß weg. „Nennt sich so etwas auch Krüppel? Ein Krüppel ist mein Weib, sie hat weder Arme noch Beine, weder Leib noch Leben, dafür aber kleine kranke Kinder auf dem Halse. Junger Mann, gebt mir wenigstens ein Fünfkopekenstück, ich werde für Eure Schwiegermutter Kaddisch sagen, damit sie ein lichtes Paradies hat!"

Jetzt lache ich, damals war es mir aber gar nicht zum Lachen. Denn die Menge der Bettler schwoll an wie aufgehender Hefeteig, in einer halben Stunde überschwemmten sie schon den ganzen Markt, so daß es unmöglich war, mit der Bahre vorwärts zu kommen. Die Angestellten der Chewra Kaddischa mußten schließlich die Leute mit Stöcken auseinandertreiben; daraus entstand eine Schlägerei, nun kamen auch Gojim mit ihren Weibern, Söhnen und Töchtern, und zuletzt erschien die hohe Obrigkeit, der Herr

Urjadnik, hoch zu Roß, mit der Peitsche in der Hand, und jagte mit einem einzigen Blick und einigen ordentlichen Peitschenschlägen die ganze Gesellschaft auseinander.

Dann stieg er vom Pferd, ging zur Bahre und forderte Rechenschaft, was hier geschieht und wer gestorben ist und woran er gestorben ist und warum die Leute den Markt überschwemmen. Es beliebte ihm, sich zuerst an mich zu wenden und mich zu fragen, wer ich bin, woher ich komme und wohin ich fahre. Vor Schreck verlor ich die Sprache. Ich weiß gar nicht, woher das kommt: Wenn ich einen Urjadnik sehe, zittern mir gleich Arme und Beine, obwohl ich in meinem Leben noch keiner Fliege etwas zuleide getan habe und obwohl ich weiß, daß der Urjadnik nur ein Geschöpf von Fleisch und Blut wie alle anderen Menschen ist. Und obwohl ich Juden kenne, die mit einem Urjadnik wie gute Freunde leben, sich gegenseitig besuchen, ihn an Feiertagen mit Fischen traktieren und sich von ihm Eier schenken lassen und gar nicht aufhören, den Urjadnik zu loben. Wenn ich aber einen Urjadnik sehe, mache ich mich auf die Beine. Ich habe wohl diese Angst von meinen Vorfahren geerbt. Denn Ihr müßt wissen, daß ich von den „Geschlagenen" abstamme, von den Slawutern aus Wassiltschikows Zeiten; davon könnte ich Euch erstaunliche Geschichten erzählen, aber ich fürchte, daß ich wieder von meiner Geschichte abschweife.

Nun nahm mich der Herr Urjadnik ins Gebet; wer ich bin und was ich bin und woher ich komme und wohin ich fahre. Sollte ich ihm eine lange Geschichte erzählen, daß ich in Swohil bei meinen Schwiegereltern lebe und nach Radomischl fahre, um mir einen Paß zu verschaffen? Gott gebe den Gabbojim langes Leben; sie halfen mir aus der Klemme – einer von ihnen, der Kleine mit dem ausgerupften Bärtchen, nahm den Herrn Urjadnik auf die Seite und begann mit ihm zu tuscheln; der Lange mit den spitzen Fingern belehrte mich inzwischen, was ich dem Urjadnik antworten sollte: „Ihr sollt ihm sagen, daß Ihr ein Hiesiger seid, aber außerhalb der Stadt wohnt; daß Eure Schwiegermutter verschieden ist und Ihr hergekommen seid, um sie zu bestatten. Und wenn Ihr ihm ein Geschenk in die Hand drückt, sollt Ihr ihm den ersten besten Namen aus der Haggada angeben. Euren Goj werden wir aber inzwischen ins Haus laden und mit Branntwein traktieren, damit er nicht draußen vor den Augen des Urjadniks herumsteht. Und so wird alles gut werden!"

Der Herr Urjadnik nahm mich in die Stube und begann ein Protokoll aufzusetzen. Ich wünsche mir und Euch soviel Böses, wie ich weiß, was ich da alles zusammengeredet habe. Ich weiß nur, daß ich redete, was mir in den Sinn kam. Und er schrieb alles auf.

„Wie heißt du?"

„Moische."
„Wie heißt dein Vater?"
„Itzke!"
„Wie alt bist du?"
„Neunzehn."
„Verheiratet?"
„Verheiratet."
„Hast du Kinder?"
„Ja."
„Beruf?"
„Kaufmann."
„Wer ist die Leiche?"
„Meine Schwiegermutter."
„Wie hat sie geheißen?"
„Jente."
„Und ihr Vater?"
„Gerschen."
„Wie alt war sie?"
„Vierzig."
„Wie ist sie gestorben?"
„Vor Schreck."
„Vor Schreck?"
„Vor Schreck."

„Was heißt vor Schreck?" fragt er mich, legt die Feder weg, steckt sich eine Zigarette an und betrachtet mich von Kopf bis zu den Füßen. Ich fühle, daß mir die Zunge am Gaumen klebt. Nun sage ich mir: Wenn ich schon einmal angefangen habe, Lügen zu backen, backe ich eben weiter. Und ich erzähle ihm eine lange Geschichte, wie meine Schwiegermutter ganz allein im Zimmer saß und einen Strumpf strickte und ganz vergessen hatte, daß sich in der Stube ihr Junge, namens Efrajim, befand. Der Junge war zwar schon dreizehn Jahre alt, aber ein selten dummes Kind. Der Junge hatte hinter dem Rücken der Mutter seine Hände auf eine besondere Art zusammengelegt und einen Schatten an die Wand geworfen, der wie eine Ziege aussah; dabei hatte er den Mund aufgetan und „Mäh!" geschrien. Da ist die Schwiegermutter vor Schreck vom Stuhl gefallen und gestorben.

So erzähle ich ihm eine lange Lügengeschichte, und er wendet keinen Blick von mir. Wie ich mit der Geschichte fertig bin, spuckt er aus, streicht seinen roten Schnurrbart, geht mit mir zu der Bahre, hebt die schwarze Decke auf, blickt der Leiche ins Gesicht und schüttelt den Kopf, als wollte er sagen, daß die Geschichte ihm etwas verdächtig vorkommt. Ich schaue ihn an, und er schaut mich an, und dann sagt er zu den Gabbojim: „Nun, die Leiche dürft Ihr behalten, aber den jungen Mann muß ich festnehmen, bis ich die ganze Sache untersucht und festgestellt habe, daß es seine Schwiegermutter ist und daß sie wirklich vor Schreck gestorben ist."

Ihr könnt Euch wohl ausmalen, wie finster und bitter es mir da zumute wurde. Ich wandte mich von ihm ab und begann wie ein kleines Kind zu weinen.

„Junger Mann! Was weint Ihr?" sagt zu mir der Kleine, den man Reb Jossi nennt. Und er tröstet mich und sagt, daß mir nichts geschehen werde, da ich doch wirklich unschuldig bin. Was habe ich zu fürchten? „Wer keinen Knoblauch ißt, der riecht auch nicht aus dem Munde", fügt Reb Schepsel, der Gabbe, mit einem so gemeinen Lächeln hinzu, daß ich größte Lust habe, ihm zwei Ohrfeigen auf seine dicken Backen zu geben. Gott! Was nützte mir die ganze Lügengeschichte? Was mußte ich meine Schwiegermutter hineinmischen? Jetzt fehlt nur noch, daß sie erfährt, wie ich sie vor Schreck habe sterben lassen!

„Fürchtet Euch nicht, Gott sei mit Euch! Der Herr Urjadnik ist gar kein so schlechter Mensch, wie Ihr glaubt. Drückt ihm etwas in die Hand und sagt ihm, daß er das Protokoll vernichten soll. Er ist ein kluger Mann, ein durchtriebener Mann und weiß ganz gut, daß alles, was Ihr ihm erzählt habt, Lug und Trug ist."

So sprach zu mir Reb Elieser-Moische und fuchtelte mir dabei mit seinen spitzen Fingern vor der Nase herum. Wenn ich es könnte, hätte ich ihn entzweigerissen, wie man einen Hering entzweireißt. Er war es ja, der mich aufs Glatteis geführt hatte, ausgelöscht sei sein Name und sein Andenken!

Ich habe nicht mehr viel zu erzählen. Ich kann mich gar nicht erinnern, was dann noch alles kam. Ihr könnt Euch das selbst ausmalen. Man nahm mir das letzte Geld ab, sperrte mich ein und stellte mich vor Gericht. Aber das alles ist nichts gegen den Krach, den ich später erlebte, als meine Schwiegereltern erfuhren, daß ihr Schwiegersohn wegen einer Leiche eingesperrt ist, die er irgendwo unterwegs aufgegabelt hat. Es versteht sich von selbst, daß sie angefahren kamen und sich als meine Schwiegereltern vorstellten. Da ging erst der richtige Tanz los; denn erstens nahm mich die Polizei ins Gebet: „Bursche, wenn deine Schwiegermutter Jente, Gerschens Tochter, lebt, wer ist dann die Leiche?"

Das war Nummer eins. Und zweitens nahm mich die Schwiegermutter selbst, leben soll sie, in Behandlung: „Sage mir das eine: Wie nur konntest du mich bei lebendigem Leibe begraben?!" Selbstverständlich zeigte es sich bei der Gerichtsverhandlung, daß ich so rein bin wie das reinste Gold; man sparte nicht mit Geld, man schaffte den Schenkwirt mit seinen Kindern als

Zeugen herbei, und schließlich wurde ich herausgelassen. Was ich aber wegen der Sache ausgestanden habe, besonders von meiner Schwiegermutter, das wünsche ich auch meinem ärgsten Feind nicht!

Seit jener Zeit fliehe ich die ewige Seligkeit!

SCHOLEM ALECHEM

Ein Rat

Schon seit drei Tagen ist ein junger Mann hinter mir her. Morgens, mittags und abends. Er muß mich dringend sprechen. Aber er trifft mich niemals an.

Was mag das für ein Mann sein, denke ich. Wahrscheinlich ein Dichter, der mir seine gesammelten Werke vorlesen will. Ich sitze also gemütlich an meinem Schreibtisch und will gerade eine Arbeit beginnen – da klingelt es schon. Die Tür geht auf, und irgendeiner kratzfußt da an der Schwelle, zieht sich seine Galoschen aus, hustet und schneuzt sich. – Aha! denke ich, meine Diagnose ist richtig, der muß ein Dichter sein. Er hüstelt und scharrt. Er – der Dichter – ist schon im Zimmer und begrüßt mich sehr artig; er tritt ein paar Schritt zurück, macht so eine Verrenkung, die anscheinend als Verbeugung betrachtet werden will, reibt sich die Hände und stellt sich mir vor, nennt einen Namen, so einen von jenen Namen, wie aus der Haggada – eben hast du ihn gehört, schon ist er vergessen und verflogen.

„Setzt Euch! Womit kann ich Euch dienen?“

„Ich bin in einer dringlichen Sache zu Euch gekommen, das heißt, für mich ist die Sache dringlich, sogar sehr dringlich! Man könnte fast sagen, mein ganzes Leben hängt davon ab. Und nur Ihr, meine ich, werdet sie verstehn. Ihr schreibt so viel, da müßt Ihr doch alles verstehn, meine ich. Ihr müßt ein Sachverständiger sein, meine ich. Das heißt, ich meine das nicht nur so: Ich bin sogar davon überzeugt."

Ich sah mir das Menschlein an: der Typ eines kleinstädtischen Gebildeten. Also ein Dichter! Ein junger Mann mit einem blassen Gesicht und jenen großen, schwarzen, verjammerten Augen, die immer zu flehen scheinen: „Habt Erbarmen mit einer armen, umherirrenden Seele." Also ein Dichter!

„Nun, zeigt mal her, was Ihr da habt!" Ich lege meine Feder zur Seite und setze mich in Positur. Weiß ich doch genau, was jetzt kommen muß: Gleich wird er in die Rocktasche fassen und ein Päckchen Manuskripte hervorholen. Sicher kein kleines! Mindestens einen Roman in drei Bänden – lang wie das jüdische Exil. Oder ein Drama in vier Akten, dessen Personen Namen haben wie: Mördersohn, Ehrlichmann, Frommherz, Bitterzweig. Allein die Namen – und man kennt die ganze Geschichte. Vielleicht sind es auch ganz neue Lieder von Zion.

Hin auf die Berge müßt ihr ziehn,
Dorthin, wo die Adler fliehn,
Dort, wo der Ölberg und noch andere Berge blühn,
Wo die Propheten ruhten nach den Mühn
Und vor Gott gepflegt haben zu knien.

Man kennt diese Sorte Lieder und Reime, die einem kilometerlang zum Halse herauswachsen, vor den Augen funkeln, das Trommelfell zerstechen und das Herz wüst machen, wüster als die größte Wüste.

Nun denken Sie sich meine Überraschung! Der junge Mann hat nicht in die Brusttasche gegriffen, nicht ein Paket Manuskripte herausgeholt, nicht daran gedacht, mir meuchlings einen neuen Roman, ein neues Drama oder neue Lieder von Zion vorzulesen. Nein! Er hat sich seinen Kragen zurechtgerückt, selbstverständlich noch geräuspert und dann angehoben zu erzählen.

„Ich bin zu Euch gekommen, um Euch mein schweres Herz auszuschütten. Nicht mehr und nicht weniger. Ich muß mit Euch Rat halten. Ein Mensch wie Ihr muß mich verstehn. Ihr schreibt soviel, da müßt Ihr doch alles wissen. Nur Ihr könnt mir einen guten Rat geben. Ich gebe Euch mein Ehrenwort: Was Ihr sagt, werde ich tun. Verzeiht, ich halte Euch doch nicht auf?"

„Macht nichts, erzählt nur, erzählt!" wende ich mich an ihn. Und ich fühle, wie mir ein Stein vom Herzen fällt. Und gar kein kleiner!

Der junge Mann rückt näher an den Tisch heran und fängt an, sich sein schweres Herz zu erleichtern. Zunächst besorgt er dieses Geschäft ruhig und gelassen. Aber je länger er redet, um so mehr kommt er in Rage.

„So wie ich hier vor Euch stehe, bin ich ein junger Mann. Ihr seht selbst, ein junger Mann aus einem kleinen Städtchen. Das heißt, das Städtchen ist gar nicht so ein kleines Städtchen. Es ist sogar ein hübsches Städtchen, ein hübsch großes Städtchen. Man kann sogar direkt sagen eine Stadt. Nur im Vergleich zu Eurer Stadt ist es ein Städtchen. Das Städtchen kennt Ihr, meine ich, sicher ganz genau. Aber ich möchte Euch nicht den Namen nennen. Euch traue ich zu, Ihr schreibt nachher die ganze Geschichte auf. Und das paßt mir aus vielen Gründen nicht.

Ihr wollt wissen, was ich treibe. Mm... ich treibe, das heißt, treiben tue ich bis jetzt gar nichts. Ich wohne bei meinen Schwiegereltern. Das heißt, ich wohne dort nicht ganz auf ihre Kosten, sondern wir wohnen und wirtschaften zusammen. Denn sie, müßt Ihr wissen, ist ihre einzige Tochter, ihre eine und einzige. Mehr Kinder sind nicht da als eben die Tochter. Und meint Ihr vielleicht, sie könnten nicht dabei bestehen? Sie sind, müßt Ihr wissen, vermögende Leute. Man kann sogar sagen reiche. Und bei uns gelten sie sogar als sehr reich, als unendlich reich.

Meinen Schwiegervater kennt Ihr sicher, meine ich, den Namen möchte ich Euch nicht nennen, das schickt sich nicht. Er ist ein Mensch, müßt Ihr wissen, der gern von sich reden macht. Zum Beispiel hat er für die Abgebrannten in Bobruisk die größte Spende gegeben, und für Kischenew hat er mehr als irgend jemand gezeichnet. Freilich, in unserer Stadt gibt er nur wenig. Er ist eben kein Narr. Gibt er für die Fremden, so erfahren es alle. Aber bei uns, da hat man vor ihm ohnehin Respekt. Wem zuliebe soll er sich da noch einen besseren Namen machen? Er dreht eben allen eine Nase und hat dabei eine Methode: Wenn man ihn um eine Gabe bittet, gibt er nicht. Wenn einer ihn angeht, stellt er sich tot und sagt: Ah, Ihr kommt schon, da ist der Schlüssel. Geht allein zum Schrank und nehmt Euch, soviel Ihr wollt. Meint Ihr vielleicht, er gibt die Schlüssel? Schon falsch! Die Schrankschlüssel liegen immer verschlossen in einem Tischkästchen, und der Schlüssel von dem Tischkästchen liegt woanders begraben. So ein Mensch ist er, meinen Schwiegervater meine ich! – Was soll man da noch sagen? Und wirklich, unter uns gesagt – bei uns nennt man ihn beim richtigen Namen: Schweinekerl. Das heißt, nur wenn man hinter seinem Rücken von ihm spricht. Sonst aber wird ihm sogar geschmeichelt, daß man schier Schluckbeschwerden kriegen kann. Und er nimmt die süßen Worte alle für bare Münze, reibt sich vergnügt den Bauch und lebt einen guten Tag. Was heißt: lebt? Leben und leben ist doch nicht dasselbe! Sagt selbst, dieser Mensch steckt seine Hand nicht in kaltes Wasser, wohnt fein, ißt gut, schläft gut, was braucht der Mensch noch mehr? Nach dem Schlafen läßt er seine Kutsche anspannen und fährt ein bißchen durch den Straßenschmutz spazieren. Und abends lädt er sich so allerlei Leute aus der Stadt ein, die ihm schön zum Munde reden. Die Sonne verfinstert sich bei ihrem Gerede. Wenn es Tag wäre, meine ich, würde sie sich verfinstern. Die ganze Stadt wird beklatscht und die ganze Welt bespöttelt. Dann holt man den großen Samowar und setzt sich mit Schmuel Abbo, dem Schächter, zum Dominospiel. Schmuel Abbo, der Schächter, müßt Ihr wissen, ist ein junger Mann, noch mit richtigen Schläfenlöckchen. Aber er ist schon ein Mensch von heute und trägt einen weißen Kragen und gewichste Stiefel. Er kann gut singen, ist sogar schon abonniert auf eine Zeitung, und wenn er mal ein junges Weib sieht, schlägt er nicht schicklich die Augen nieder und läuft auch nicht weg. Und Domino spielt er!... Setzen sich die beiden zum Spiel, spielen sie die ganze Nacht. Und ich sitze dabei, gucke zu und gähne. Die Backen zerreißen fast. Meint Ihr, er läßt mich in mein Zimmer gehen, ein Buch oder eine Zeitung in die Hand nehmen? Geht nicht!... Warum?... Gehört sich nicht. Ein Fremder ist zu Besuch, wie darf man da aus der Stube gehen! Solche Sitten kann der Schwiegervater auf den Tod nicht leiden. Das heißt, er sagt zwar nichts, aber vor Wut schwillt er an wie ein Truthahn. Und er antwortet nicht, wenn man zu ihm spricht, man könnte platzen... Die Schwiegermutter richtet sich nach ihm. Und wenn die Schwiegereltern mit dem Schwiegersohn unzufrieden sind, zieht die Tochter schon eine saure Miene, sie – die einzige Tochter, die eine und einzige! Die Eltern sind ihr ganzes Leben, und sie ist ihnen wie ein Augapfel im Kopf. Und kommt es mal vor, daß irgend etwas mit ihr ist, schon ist der Doktor da; und die Welt steht auf dem Kopf. Was ist eigentlich so Wunderbares an einem Menschenkind, das sich einbildet, die ganze Welt sei nur seinetwegen geschaffen worden! Und dabei müßt Ihr wissen, ist sie nicht gerade sonderlich klug. Das heißt, wenn Ihr mit ihr sprecht, ist sie, scheint es, nicht gerade dumm, durchaus nicht dumm, man kann sogar sagen, sie ist klug, sogar sehr klug und scharfsinnig. Sie hat einen Kopf wie ein Mann! Was aber noch? Sie ist verzogen und verwöhnt – eine wilde Ziege. Tag und Nacht lacht sie, oder sie wirft sich aufs Bett und schreit wie ein kleines Kind! Ich frage: Was ist dir? Was fehlt dir? Was willst du? Wie die Wand nicht antwortet, so antwortet sie nicht. Nun, das wäre nur ein halbes Unglück! Weint ein Weib, so weint es so lange, bis es aufhört.

Bei mir aber fängt da die Geschichte an.

Hört die Schwiegermutter das Geweine, kommt sie wie eine Wilde angejagt mit ihrem türkischen Schal, ringt die Hände, jammert und schreit. Und eine Stimme hat sie, müßt Ihr wissen, wie ein Mann.

,Was ist dir, meine Tochter? Wieder er, der Mörder, der Totschläger! Weh mir! Was geht ihn das an, daß ich nur einen Augapfel habe. Hat er sich in Schmerzen gewunden, hat er Blut vergossen bei der Geburt?'

Und die Worte fallen wie Erbsen aus einem zerrissenen Sack. Und mir ist so, als ob sie so weiter fluchen würde, ohne aufzuhören. Es zuckt mir am Herzen! Es durchbohrt mir die Seele, und mich packt eine wilde Lust, ihren türkischen Schal mit den Händen zu zerknittern, mit den Füßen zu zertreten und in kleine, ganz kleine Stücke zu zerreißen.

Aber dann überleg ich mir, was hat mir der Schal getan? Ein Schal, wie alle türkischen Schals. Ihr kennt doch diese türkischen Schals. Bemalt, mit grünen, gelben, roten, schwarzen und weißen Vierecken, mit Sprenkeln gesprenkelt und mit Fransen befranst!"

„Verzeiht, junger Mann", unterbreche ich ihn. „Ich glaube, Ihr wolltet von mir einen Rat haben in einer besonderen Angelegenheit."

„Nehmt es mir nicht übel! Ich halte Euch doch nicht auf... Aber das gehört zur Sache. Ihr sollt erst ein wenig mit unserem Haus und mit den Menschen bekannt werden; und wenn Ihr das Haus und die Menschen kennt, werdet Ihr erst meine ganze Lage verstehen.

Also sobald ihr irgend etwas nicht gefällt, meiner Frau, meine ich, fängt die Schwiegermutter an zu toben, und der Schwiegervater läßt die Kutsche anspannen und den neuen Doktor holen. Er heißt bei uns der neue Doktor. Seinen Namen will ich nicht nennen, der Kuckuck soll ihn holen. Nun fängt erst der richtige Tanz an, und darüber wollte ich mich mit Euch beraten."

Mein Menschlein hält eine Minute inne, wischt sich die dicken Schweißtropfen vom Gesicht, rückt mit seinem Stuhl ein bißchen näher zu mir heran und schickt sich an weiterzuerzählen. Inzwischen nimmt er natürlich irgendeinen Gegenstand in die Hand. Es gibt eben Menschen, die nicht reden können, wenn sie nicht etwas in der Hand haben.

Bei mir auf dem Schreibtisch stehen allerlei Sächelchen, Raritäten und Nippsachen. Darunter ist auch ein Zigarrenabschneider in Form eines kleinen Fahrrads. Ei, hat dieses Fahrrad Wohlgefallen gefunden bei den Menschen! Jeder, der zu mir kommt, greift gleich zum Fahrrad. Natürlich hat meinem Menschlein das Fahrrad auch sehr gut gefallen. Schon zu Beginn seines Erzählens hatte er immer verlangend dahin geguckt. Dann hatte er es in die Hand genommen, die Räder zu drehen versucht, und schließlich ließ er das Fahrrad überhaupt nicht mehr aus der Hand. Und immerfort die Räder drehend, erzählte er jetzt weiter.

„Also der neue Doktor! Doktoren, müßt Ihr wissen, hat unsere Stadt soviel wie Hunde. Es gibt christliche Doktoren und jüdische Doktoren, große und kleine und noch andere Doktoren. Aber der Doktor, von dem ich Euch erzähle, ist noch ein junger Doktor und stammt aus unserer Stadt. Sein Vater ist ein Schneider. Das heißt, sein Vater war früher einmal ein Schneider. Heute ist er kein Schneider mehr. Wie würde das aussehen, Schneider zu sein und einen Sohn zu haben, der Doktor ist! Freilich, das umgekehrt zu betrachten, wäre richtiger. Wie paßt das für einen Doktor, einen Vater zu haben, der Schneider ist? Und was für ein Schneider. Er ist ein kleiner Mann, müßt Ihr wissen, mit einem wattierten Kaftan, mit schielenden Augen und einem krummen Finger. Und eine Stimme hat er wie eine Knarre. Und Tag und Nacht läuft er umher und knarrt: Mein Doktor, hat der gestern zu tun gehabt, nein! Mein Doktor! Wenn mein Doktor will, kann er, mein Doktor! Jedem verkeilt er den Kopf mit seinem Doktor. Und zu allem Unglück, müßt Ihr wissen, ist der Doktor noch ein Frauendoktor. Und wo nur irgendein Geheimnis ist, bringt es der Schneider durch die ganze Stadt. Und wehe der Frau und dem Mädchen, die in die Hände des Doktors und in das Klatschmaul seines Vaters geraten. Einmal ist bei uns folgende Geschichte passiert. Bei uns war ein Mädchen ..."

„Verzeiht, junger Mann", unterbreche ich ihn, „ich glaube, Ihr wolltet von mir einen Rat haben."

„Nehmt es mir nicht übel! Ich halte Euch doch nicht auf! Ich mußte von dem Doktor erzählen, denn er wird mich noch in den Tod bringen. Ohne ihn wäre mein Leben schön wie die Welt! Ich bitte Euch, was fehlt mir? Eine Frau habe ich, müßt Ihr wissen, man kann sagen, eine Schönheit. Kinder, müßt Ihr wissen, haben wir noch nicht. Die einzige Tochter ist sie, die eine und einzige. Über hundert Jahre ist alles ihrs, das heißt meins, und, ich will mich nicht versündigen, an Ehre fehlt es nicht. Ich bin doch eines reichen Mannes Schwiegersohn. Überall bin ich der erste, in der Synagoge und bei Familienfesten, das heißt, der erste nach dem Schwiegervater. Erst kommt gewöhnlich der Vorbeter, dann der Rabbiner, dann der Schwiegervater, und dann komme ich – und dann erst die übrigen Menschen. Komme ich zum Beispiel in das Bad, schreit schon der Wärter: Macht Platz, macht Platz! Der Schwiegersohn vom ‚Reichen' kommt! Ihr könnt es mir glauben, es ist mir peinlich. Ich hasse es direkt! Das heißt, eigentlich warum hassen? Schmeicheleien liebt schließlich doch jeder. Und auf Ehren verzichtet doch keiner gern. Und doch! Es ist mir schon zuviel. Womit habe ich das alles verdient? Nur weil mein Schwiegervater ein reicher Mann ist? Sollen sie ihm schmeicheln, sollen sie seinen Speichel lecken, bis sie platzen – verzeiht! –, was geht das mich an?

Ich sage Euch, wilde Menschen sind das, ganz wilde Menschen. Ich muß bei ihnen sitzen wie im Gefängnis, denn sie lassen mich mit keinem Menschen verkehren. Es schickt sich nicht für eines Reichen Schwiegersohn! Mit dem Schwiegervater kann man auch nicht reden, denn er ist, müßt Ihr wissen, ein einfacher Mensch, sogar ein sehr einfacher Mensch und – er möge es mir verzeihen – sehr ungebildet. Er hört es ja nicht, es soll ihm weiter nicht schaden. Und sie, die wilde Ziege, die einzige Tochter, wie ich Euch erzählt habe, da lacht sie, und da weint sie, da kichert sie, und da wirft sie sich aufs Bett, und man schickt nach dem neuen Doktor. Und der neue Doktor – der Teufel soll ihn holen –, wenn ich an ihn denke, wird mir mein Leben zur Qual. Ihr dürft mir wirklich glauben, oft möchte ich ein Messer nehmen und mich erstechen oder zum Teich laufen und mich ertränken. So verhaßt ist mir der neue Doktor."

Der junge Mann wird still, versonnen und traurig.

„Ja", sage ich, „habt Ihr sie in irgendeinem… Verdacht?" Und ich hüte mich, noch irgendein Wort mehr zu sagen.

„Um Himmels willen", ruft er und schnellt empor, als hätte man ihn mit heißem Wasser übergossen, rückt mir dann aber noch näher auf den Leib. „Wie kann man von Verdacht sprechen, eine jüdische Tochter, ein reines Kind! Ich rede doch von ihm, rede doch von dem schönen Doktor – verbrannt soll er werden! Nicht so sehr er, wie sein feiner Vater, der Schneider, mit dem wattierten Kaftan. Tag und Nacht geht er herum und tratscht und beklatscht die ganze Stadt. Meint Ihr, an dem Tratsch und Klatsch sei etwas dran? Unsinn! Überhaupt gar nichts. Er hat ein Maul, und das Maul klatscht. Das würde mich weiter nichts angehen. Es ist aber leider so, daß die Menschen Ohren haben und die Ohren gern hören. Und wenn sie hören, hören sie gut und hören solche Sachen, die sie überhaupt nicht hören sollten. Und nun noch in unserem Städtchen! Ein Städtchen, müßt Ihr wissen, voll von Zwischenträgern und Klatschmäulern mit langen Zungen, die schon in der ganzen Welt berüchtigt sind. Kommt man ins Gerede dieser Leute, so kann man vom Leben Abschied nehmen. Mir ins Gesicht, müßt Ihr wissen, wagt man nichts zu sagen. Aber hinter meinem Rücken habe ich solche Worte gehört, daß ich große Augen machte, ganz große, und die Ohren spitzte und lauschte. Was soll ich sagen, ich habe schließlich gar nichts gehört, überhaupt gar nichts. Nur eines habe ich bemerkt. Wenn er kommt, wird sie ein neuer Mensch, mit einem andern Gesicht und mit andern Augen. Das heißt, der Mensch ist derselbe, mit denselben Augen, mit demselben Gesicht, nur der Blick ist ein anderer, versteht Ihr. Es ist ein andrer Blick mit einem andern Glanz. Ihr meint, ich hätte sie fragen können: Sag mir, mein Lieb, was ist das für eine Geschichte? Wenn er kommt, wirst du ein andrer Mensch. Nu, ratet, was sie darauf geantwortet hat. Sie fing an zu lachen mit einem so wilden Gelächter, daß ich dachte, ich kann mich lebendig begraben lassen. Und richtig! Gleich nach dem wilden Gelächter hat sie sich auf das

Bett geworfen mit so einem wilden Geheul, daß die Schwiegermutter mit ihrem türkischen Schal herbeigelaufen kam und anfing, sie zu beruhigen. Die Alte hat gejammert und geflucht, und der Schwiegervater hat die Kutsche anspannen lassen und nach dem Doktor geschickt. – Und wen, meint Ihr? – Mich selbst!

Der Doktor ist gekommen. Sie hat sich sofort beruhigt. Ihr Gesicht hat wieder Farbe bekommen, die Augen fingen wieder an zu glänzen wie Brillanten in der Sonne.

Stellt Euch meine Lage vor, daß ich selbst ihn aufsuchen muß. Wirklich, in die Hölle wäre ich lieber gegangen. Ich muß sein Gesicht sehen – ein schönes Gesicht! Rot wie eine rote Rübe, ins Bläuliche schimmernd, voller Pickel und jeder Pickel noch besetzt mit kleinen Pickeln! Und dann hat er so eine Manier, er lacht, ob es angebracht ist oder nicht, er lacht! Jeden lacht er auf besondere Weise an, und zu jedem ist er zutraulich. Und zu mir? Zu mir ist er süß wie Zucker und weich wie Grützbrei. Man könnte ihn mir auf ein Geschwür legen, seine Freundlichkeit gegen mich wäre ohne Maß und ohne Ende.

Neulich war ich nicht ganz recht auf dem Posten: Ich hatte die Modekrankheit, die Grippe. Da hättet Ihr sehen sollen, wie der Mensch sich um mich bemüht hat. Es war fast unnatürlich! Und doch, je besser er mich behandelt, um so mehr hasse ich ihn – Gott soll mich nicht dafür strafen! Nicht ansehen kann ich ihn, besonders wenn er bei uns ist und die ganze Gesellschaft mit ihr beschäftigt ist. Ich habe immer das Gefühl, daß ich etwas für meine Gesundheit täte, wenn ich ihn am Kragen packte und hinauswürfe. Unerträglich ist mir sein Blick, besonders wenn er sie ansieht, und sein Lachen, wenn er sie anlächelt. Ich habe es mir geschworen, ein für allemal, ein Ende muß sein!

Wie lange soll die Schmach noch dauern? Die ganze Stadt spricht schon davon. Es gibt keinen anderen Rat für mich als Scheidung! Ich sehe keinen andern Ausweg... Oder? Hat das einen Sinn?... Einen reichen Schwiegervater, eine einzige Tochter, über einhundert Jahr alles ihres, das heißt meines... Hol's der Teufel! Ich habe schließlich früher auch gelebt! Was tun so viele andere junge Leute! – Es gibt keinen andern Weg! Was meint Ihr? Gibt's einen andern Weg als Scheidung?"

Mein Menschlein holte tief Atem, wischte sich den Schweiß vom Gesicht und sah mich voller Erwartung an.

„Ich weiß nicht! Ich glaube auch, für Euch gibt es keinen anderen Weg als Scheidung. Überdies scheint mir Eure Liebe nicht gar so heiß zu sein, und Kinder habt Ihr, wie ich höre, auch nicht. Und die Stadt tuschelt. Was soll Euch also dieses ganze Geschäft?"

Während ich so sprach, hatte mein Menschlein die ganze Zeit die Räder des kleinen Fahrrads gedreht und mich mit seinen schwarzen, tiefen, flehenden Augen unverwandt angesehen. Und als ich schwieg, rückte er noch näher zu mir heran und seufzte.

„Ihr sprecht von Liebe! Was soll ich da sagen? Ich hasse sie nicht. Warum sollte ich sie auch hassen? Im Gegenteil, ich hab' sie lieb, sogar sehr, innig lieb. Sie sagen, die Stadt tuschelt. Sollen sie nur das Blaue vom Himmel herunterreden! In mir kocht es nur seinetwegen. Seinet- und ihretwegen. Warum strahlt sie, wenn sie ihn sieht? Warum? frage ich. Ich bitte Euch, warum wird sie nicht rot und fröhlich, wenn sie mich sieht? Weshalb bin ich schlechter als er? Weil er ein Doktor ist und ich nicht? Hätte ich studiert, wäre ich auch ein Doktor geworden und noch ein größerer als er! Ihr könnt mir auf Ehre glauben, ich könnte es noch mit ihm aufnehmen.

Aber kommen wir wieder auf besagten Punkt zurück. Was hat sie mir eigentlich getan, daß ich mich von ihr scheiden lassen soll? Etwa wegen des neuen Doktors? Was hätte ich gemacht, wenn in unserem Städtchen statt des neuen Doktors ein anderes Stück Malheur gewesen wäre? Und wo steht geschrieben, daß eine junge Frau nicht mit einem Doktor bekannt sein darf?

Das wäre Punkt eins.

Punkt zwei: Was käme eigentlich für mich dabei heraus, wenn ich mich etwa von ihr scheiden ließe? Bedenkt, ich selbst bin ein Waisenkind, ein armer Mensch, ohne Angehörige, ohne einen guten Freund. Und nun soll ich wieder ein Bettelschüler werden? Wieder heiraten und wieder von vorn anfangen, richtig von Anfang an? Und woher weiß ich, daß ich dann besser fahren werde? Vielleicht gerate ich in eine noch schlimmere Hölle. Was ich jetzt habe, weiß ich doch und kenne mein Leben und bin doch, man könnte sagen, ein Kronprinz, des Reichen Schwiegersohn – über hundert Jahr ist alles ihres, das heißt meines, versteht Ihr – warum soll ich da wieder von vorn zu spekulieren anfangen? Es wäre doch nur ein Spiel, eine Lotterie, nicht wahr? Meint Ihr nicht auch, es wäre nur ein Spiel, nur eine Lotterie?!"

„Der Meinung bin ich auch", sage ich. „Es ist ein Spiel, eine Lotterie. Friede ist sicher besser als Scheidung."

Mir ist wohl, daß die Geschichte sich zum Guten gewendet hat und daß mein Rat schließlich auf Frieden hinausläuft und nicht auf Scheidung.

Ich dachte schon, ich wäre mit ihm fertig. Da packt er wieder das kleine Fahrrad und rückt nun ganz dicht an mich heran und spricht mir direkt ins Gesicht hinein.

„Friede! Vielleicht habt Ihr recht. Aber ich muß doch an ihn denken, an den Doktor mit dem pickligen Gesicht – der Teufel soll ihn holen! Sein Vater, der Schneider, läuft doch in der ganzen Stadt umher und klatscht, daß des

III

Reichen Töchterlein daran denkt, sich scheiden zu lassen. Versteht Ihr diese Gemeinheit?

Wenn er wenigstens nicht so klatschte! Was habe ich noch zu verlieren, wenn man schon davon spricht? Der Topf ist zerbrochen. Ganz wird er nicht mehr werden. Solange es noch ein Geheimnis war, war es nicht schlimm. Man kniff sich in die Backe, und man sah nicht mehr blaß aus. Aber jetzt, wo alle schon von Scheidung reden, ist es da nicht eine große Feigheit, wenn ich noch schweige? Es gibt keine andere Wahl für mich als – Scheidung! Was meint Ihr?"

„Ich glaube auch. Wenn alle schon von Scheidung reden, wäre es von Euch grobe Feigheit, noch zu zaudern, Ihr habt keine andere Wahl als Scheidung!"

„Ihr bleibt also dabei, daß ich mich durchaus von ihr scheiden lassen muß", sagt er und rückt mir mit seinem Stuhl schon ganz auf den Leib. „Überlegt die Sache ganz genau! Ihr seid zum Beispiel der Rabbiner. Ich komme zu Euch mit meinem Weib, um mich scheiden zu lassen. Nun fragt Ihr mich: ‚Sag mir, junger Mann, was wirfst du deinem Weib vor?' Was für eine Antwort kann ich darauf geben? Kann ich etwa sagen, sie guckt auf den Doktor und der Doktor guckt auf sie? Hat das einen Sinn, frage ich Euch! Soll ich ihr die Augen zubinden? Und was für ein Gesicht wird die Welt dazu machen? Sagt selber, man hat ein Weib und läßt sich scheiden – ein Weib, eine Schönheit, eine einzige Tochter, eines Reichen Kind – über hundert Jahr ist alles ihres, also meines – was wird die Welt dazu sagen? Meschugge! Wie? Etwa nicht? Ja, frisch, gesund und meschugge!"

„Das sage ich auch: frisch, gesund und meschugge."

Da rückte das Menschlein schon so dicht an mich heran, daß unsere Beine wie zusammengeflochten waren. Ich hatte schon Angst, wir könnten sie vertauschen. Und statt des Fahrrads, das er nun endlich fortlegte, fing er an, mit dem Tintenfaß zu spielen. Er seufzte und begann wieder zu debattieren.

„Ihr habt gut reden, frisch, gesund und meschugge. Ich möchte gern wissen, was Ihr getan hättet, wenn Euch solche Geschichte passierte? Das heißt, wenn Ihr einen Schwiegervater hättet, einen ungebildeten Menschen, wenn Ihr eine Schwiegermutter mit einem türkischen Schal hättet, die ewig plärrt, wenn Ihr ein Weib hättet, gesund und stark, die immerzu doktert, und wenn dann noch die ganze Stadt auf Euch mit dem Finger zeigte: ‚Da geht er!... Der Mann von der Ziege.' Ich glaube, mitten in der Nacht würdet Ihr Euch aufmachen, Euch scheiden lassen und hinlaufen, wo der Pfeffer wächst. Etwa nicht?"

„Ich glaube auch", sagte ich. „Ich würde mich mitten in der Nacht aufmachen, mich scheiden lassen und hinlaufen, wo der Pfeffer wächst!"

„Ihr habt gut reden, gewiß! Sich mitten in der Nacht aufmachen, sich scheiden lassen und hinlaufen, wo der Pfeffer wächst. Schön gesagt, weglaufen! Wann? – Weglaufen! Wie? – Weglaufen! Wohin? – Weglaufen! In die Erde hinein? Und sie ist eine einzige Tochter, die eine und einzige – über hundert Jahr ist alles ihres, meines heißt das! Ist das gar nichts? Was habe ich gegen sie? Was – habe ich – gegen – sie? Sagt mir, was hab' ich gegen sie?"

„... ich denke auch so. Was habt Ihr gegen sie?"

„Einfach!" sagt er. „Nun – und der Doktor? Den Doktor habt Ihr vergessen? Solange ich diesen Menschen, der mein Tod ist, vor Augen sehe, kann ich sie nicht ansehen, kann ich ihr Gesicht nicht sehen."

„Wenn's so ist, müßt Ihr Euch scheiden lassen!"

„Und was wird dann aus mir?" sagt er. „Was kann ein junger Mann bei so schlechten Zeiten tun? Nun, Ihr seid doch ein kluger Mensch, sagt Ihr!"

„... man muß sich ja nicht scheiden lassen", sage ich.

„Nicht scheiden lassen? Nun, und der Doktor? Solange..."

„Dann muß man sich doch scheiden lassen", sage ich und will nun ein Ende machen.

„Scheiden lassen? Was wird dann aus mir? Was..."

„Dann eben nicht scheiden lassen!"

„Nun, und der Doktor?..."

„Also scheiden lassen!"

„Scheiden lassen?"

„Nicht scheiden lassen!"

„Nicht scheiden lassen?..."

Ich weiß nicht, was mit mir geschah. Ich hatte die letzten Worte mit einer steigenden Wut und immer lauter gesprochen. Das Blut schoß mir in den Kopf, schwarz wurde mir vor den Augen. Ich sprang dem Menschen an die Gurgel, quetschte ihn an die Wand und schrie mit eine Stimme, die nicht mehr die meine war: „Scheiden lassen sollst du dich, Hund! Scheiden lassen! Scheiden lassen!" Bald kam ich wieder zu mir.

Ich sah, was ich angerichtet hatte, und bat den jungen Mann um Verzeihung. Er solle nur vergessen, was zwischen uns vorgefallen war. „Es passiert eben mal, daß ein Mensch aus seiner Haut fährt."

Der junge Mann war zwar noch nicht wieder so ganz beieinander, aber er gab zu, daß es passieren kann, daß ein Mensch mal aus seiner Haut fährt.

Mit demselben artigen Gruß, mit derselben Verbeugung, mit demselben Händereiben, mit dem er gekommen, zog er von dannen.

„Nehmt's nicht weiter übel! Vielleicht habe ich Euch aufgehalten! Und einen schönen Dank für Euren Rat!"

„Keine Ursache, keine Ursache!" rief ich ihm nach. „Glückliche Reise!"

JIZCHOK LEIB PEREZ

Venus und Sulamith

Zwei Talmudstudenten, Chajim und Selig, saßen in der Betstube am Ofen. Chajim las aus einem schmalen Büchlein etwas vor, und Selig flickte mit gewöhnlichem Nähzeug einen Schuh und hörte zu.

„Und Chane war schön wie Venus... Selig, sag mir bitte, was versteht man unter Venus?“ fragte Chajim.

„Venus ist eine mythologische Gottheit“, antwortete Selig, an seinem Schuh weiternähend.

„Und was ist Mythologie?“

„Auch das weißt du nicht, Chajim? Erinnerst du dich noch an den sonderbaren Kerl mit langer Schürze und roter Mütze, der in der vorigen Woche hier war und zum billigen Preise Lakritzenplätzchen und andere Süßigkeiten verkaufte?“

„Gewiß!“

„Dieser Mann war ein Grieche. Und es gibt ein ganzes Volk, das aus solchen Griechen besteht."

„Und alle verkaufen Lakritzenplätzchen?"

„Narr, sie haben ein eigenes Land, das Griechenland heißt. Die Griechen sind ein altes Volk. Sie werden auch in der Bibel erwähnt: Ihr Land wird das ‚Land Jowon' genannt und sie selbst ‚Jewonim'."

„Kommt vielleicht davon auch der Name Iwan?"

„Gott behüte! Jewonim sind Griechen. Einst waren sie ein mächtiges und gebildetes Volk. Du hast doch sicher etwas von Aristoteles oder Sokrates gehört, sie werden auch von unseren Weisen, von Rambam und anderen zitiert. Aristoteles zum Beispiel glaubte, daß die Welt immer bestanden habe und ewig sei. Sie alle waren Griechen. Obwohl die Griechen sehr gelehrt waren und sich in allen schönen Künsten auszeichneten, waren sie doch ganz gewöhnliche Götzendiener."

„Oho!"

„Nun siehst du es. Und die Geschichten von ihren Götzen nennt man Mythologie."

„Aha! Nun, und wer war Venus?"

„In der Mythologie ist Venus die Göttin der Schönheit."

„Was heißt die Göttin?"

„Weißt du, sie hatten für jedes Fach, für jedes Handwerk einen eigenen Gott. Wie man bei uns sagt, daß jedes Volk der Erde im Himmel einen eigenen Fürsten hat... Bildhauerkunst, Poesie, Schönheit, Gesundheit, Kraft hatten eigene Götter..."

„Aber was ist eine Göttin? Ein kluger Gott?"

„Nein, ein Gott ist ein ‚er', und eine Göttin ist eine ‚sie'."

„Ein Weibsbild? Sie haben Weibsbilder in ihren Himmel einbezogen?"

„Ach, Chajim, warum nur Männer und keine Weiber?"

„Das ist wahr. Ich glaubte aber, Selig, daß Götter weder männlich noch weiblich sein sollten."

„Du mußt wissen, Chajim, daß die griechischen Götter in allen Dingen den Menschen glichen. Der einzige Unterschied ist, daß sie ewig lebten. Dafür hatten sie aber ebenso wie die Menschen Kinder, Weiber und Kebsweiber, aber sterben konnten sie nicht. Der oberste Gott, Jupiter, der den Donner in seiner Hand hatte und vor dem alle andern Götter zitterten, war ein Pantoffelheld. Seine Frau Juno behandelte ihn ebenso wie eine Rebbezin einen gewöhnlichen Melamed. Ich habe dir schon einmal von der Frau des Philosophen Sokrates, der Hexe Xanthippe, erzählt, diese war aber ein Hund gegen die Juno! Stelle dir nur vor, was Jupiter für Qualen auszustehen hatte, er wünschte sich zehnmal am Tag den Tod, aber sterben konnte er nicht!"

,,Und Venus?"
,,Venus war die Göttin der Schönheit. Ich will dir ihre Geschichte vorlesen."
Selig legte den Schuh weg, zog aus dem Busen ein schmutziges Blatt und begann vorzulesen: ,,Venus, Aphrodite, Aphrogeneia, Anadyomene..."
,,Was bedeutet das? Ich verstehe kein Wort", unterbrach ihn Chajim erstaunt.
,,Narr! Das sind die Namen, unter denen Venus in Griechenland und später in Rom bekannt war."
,,Sie hatte also mehr Namen als Jethro, der Schwiegervater von Moses. Was taugen mir die Namen! Lies weiter."
Und Selig fuhr fort: ,,Unter diesen Namen wurde Venus in den verschiedenen Städten als Göttin der Liebe verehrt."
,,Der Liebe und nicht der Schönheit?"
,,Das ist doch ganz gleich! Sie war nicht von einer Mutter geboren worden, sondern ist in Gestalt einer reizend schönen Frau aus dem Meere gestiegen."
,,Was heißt ‚reizend'?"
,,Das heißt, daß sie jedermann reizte und das Blut zum Sieden brachte und so weiter."
,,Aha!"
,,Man stellte sie nackt oder halbnackt dar."
,,Pfui!"
,,Ihr Mann war Vulkan."
,,Was ist das für ein Kerl?"
,,Auch ein Gott, der Gott des Feuers. Unserm Tubal-Kain ähnlich. Er war der Erfinder der Schmiedekunst. Verstehst du es?"
,,Ein wenig."
,,Aber von ihm hatte sie keine Kinder. Götter wissen nichts von Scheidung und Trauung. Dafür hatte sie Kinder von andern Göttern und Menschen."
,,Was heißt das? Also lauter Bastarde?"
,,Sei nicht so dumm, Chajim! Wenn die Götter keinen Traubaldachin, keine Scheidung und keinen Ehevertrag kennen, so gibt es bei ihnen auch keinen Ehebruch und keine Bastarde."
,,Gewiß, wenn man sich vor dem Essen nicht wäscht, so braucht man nach dem Essen auch kein Gebet zu sprechen. Du sagst aber, daß sie auch von Menschen Kinder hatte?"
,,Was ist denn dabei? Denke doch an die ‚Söhne Gottes' in der Bibel, die mit den Töchtern der Menschen Kinder zeugten."
,,Gut. Lies weiter."
,,Von Mars hatte sie zwei Kinder."
,,Wer ist Mars?"

„Mars ist der ‚Mann des Krieges‘, der Kriegsgott. Zwei Kinder von Bacchus, dem Gott des Weins und der andern Getränke.“

„Der wird wohl ein ordentlicher Säufer gewesen sein.“

„Zwei Kinder von Merkur.“

„Wer ist das?“

„Merkur ist der Gott der Diebe, Kaufleute und Boten!“

„Das war doch eine höchst gemeine Partie!“

„Einem gewissen Anchises, einem gewöhnlichen Wesen aus Fleisch und Blut, erschien sie einmal in Gestalt einer Schäferin, irgendwo an einem Flußufer. Die Folge dieser Begegnung war ein Knabe. Einmal passierte ihr folgende Geschichte: Von einer Räuberbande verfolgt, versteckte sie sich in eine Höhle und rief Herkules herbei.“

„Wer ist das?“

„Das ist ein starker Gott, wenn auch kein ganzer, sondern nur ein Halbgott. Er hatte an einem einzigen Tage sechsunddreißig Pferdeställe gereinigt.“

„Weiter, weiter, Selig! Es wird mir schon übel davon, so wahr ich lebe!“

„Herkules kam in die Höhle, ließ die Räuber einen nach dem andern herein, und sie machten ihnen allen den Garaus!“

„Pfui, ekelhaft!“

„Venus nahm furchtbare Rache an jenen, die der Liebe spotteten. Die Einwohner einer Stadt verwandelte sie in Ochsen.“

„Genug!“ schrie Chajim auf und spie aus. „Der Magen dreht sich mir um! Und diese Venus soll eine Göttin sein! Ha-ha! Tausend Männer hat sie gehabt, sie hat gemordet, Ehebruch und Hurerei getrieben, pfui!“

Chajim spie noch einmal aus. Selig erhob sich zornig von seinem Platz.

„Du weißt selbst nicht, was du redest und worauf du spuckst“, sagte Selig gekränkt. „Du nimmst ein herrliches edles Gewand, wendest es auf die linke Seite um und machst ein Narrenkleid daraus! Venus ist nur ein Sinnbild, ein Ideal, wie zum Beispiel im Hohenlied die Sulamith.“

„Ja, genau dasselbe! Schämen sollst du dich, Selig! Ein guter Vergleich! Sulamith aus dem Hohenlied ist ein frisches, gesundes Geschöpf, stark wie ein Stück Eisen! Ihre Brüder hießen sie ihren Weingarten bewachen, sie bewachte ihn aber nicht. Ihr Gesicht ist von der Sonne verbrannt, aber sie ist keine Zigeunerin. Ihr Hals ist weiß wie Marmor. Sie duftet süßer als alle Felder, Wälder und Gärten. Sie schlägt nicht die Augen vor Scham nieder und bläst sich nicht wie ein Truthahn auf. Sie schaut jedem gerade in die Augen. Sie braucht sich nicht zu schämen. Sie hat gute, warme, herzliche Augen, sie sind wie ein Paar freundliche Tauben! Und ihre Lippen sind wie zwei dünne, rote Fäden. Sie spitzt nicht den Mund und schneidet keine Grimassen. Und wenn sie spricht, so fließt Honig von ihren Lippen! Wenn du sie ansiehst, kommt dir kein einziger böser Gedanke in den Sinn. Im Gegenteil, alle Gedanken fliegen dir aus dem Kopfe. Wenn sie dich auch nur mit einem Auge anblickt, schlägst du die deinigen wie ein Dieb nieder. Dein Herz zittert und zappelt wie ein geschlachteter Hahn. Sie ist einfach, rein und keusch wie frischgefallener Schnee. Ein neuer Sommer bricht an, ein neues Leben erwacht auf dem Felde und im Garten, die Turteltaube girrt, die Blumen sprossen, der Feigenbaum blüht, der Weingarten schimmert. Alles erwacht zum neuen Leben, und ihr Herz ist von einem neuen Gefühl erfüllt! Ganz plötzlich ist dieses neue Gefühl mit seiner ganzen unwiderstehlichen Kraft gekommen. Mächtiger als der Tod ist ihre Liebe, tiefer als die Hölle ihre Eifersucht. Und ihre Liebe ist ewig, kein Strom kann sie fortschwemmen, kein Meer kann sie auslöschen. Sie liebt aber nur den einen jungen, hübschen Hirten. Sie weiß nicht, daß der Hirte eine Krone auf seinem Haupte trägt, daß er der mächtigste König der Welt ist! Sie ist einfach, offen und aufrichtig, sie versteht keinen Roman zu spinnen, es tut ihr weh, daß er nicht ihr Bruder vom gleichen Vater und von der gleichen Mutter ist, den sie frank und frei in allen Gassen küssen könnte! Das ist Sulamith! Das ist, wie du siehst, das Ideal der wahren jüdischen Tocher, die im Gegensatz zu deiner ausgelassenen Venus einen Vater und eine Mutter hat!"

„Du vergißt aber das eine", unterbrach ihn Selig. „Du vergißt, daß die Mythologie als eine Sammlung von Gleichnissen aufzufassen ist, hinter denen philosophische und religiöse Gedanken stecken."

„Ganz im Gegenteil! Wie kann man erhabene Gedanken in gemeine Gleichnisse kleiden? Wie kann man Edelsteine in einen schmutzigen Lumpen binden? Und ist denn das Hohelied nicht auch ein Gleichnis? Ist nicht unter dem König Salomo der Schöpfer der Welt selbst zu verstehen? Ist die reine, aber von der Sonne verbrannte Geliebte nicht die Gemeinde Israels?! Geheimnisse hin, Geheimnisse her – Sulamith ist eben Sulamith, und Venus, sie sei von ihr tausendmal unterschieden, ist überhaupt nicht der Rede wert! Hörst du, Selig? Ausgelöscht sei ihr Name! Streiche in deinem Buch ihren Namen und schreibe – wie heißt noch das Mädchen, von dem die Rede war? Ich glaube, Chane?"

„Ja, Chane."

„Also schreibe, daß sie so schön war wie... Oder nein, schreibe es nicht! Hörst du! Du sollst dich nicht unterstehen! Vergleiche deine Chane, deren Füßchen so klein sind wie Stecknadelköpfe, mit wem du willst, mit Mirjam, wie sie mit der Pauke tanzt, oder mit Abigail, mit Rachab, mit Dalila, von mir aus auch mit der Königin Esther, aber nur nicht mit Sulamith, denn keine ist ihr gleich!"

JIZCHOK LEIB PEREZ

Der Chelmer Melamed

Einst war die Erde so voll Frevel – erzählte Schachno im Lehrhaus einer ganzen Gesellschaft von Juden –, daß man Angst bekam, der Herr würde in seinem Zorn seinen Schwur vergessen, die Schleusen des Himmels auftun und eine neue Sintflut senden, doch diesmal ohne einen Noah und ohne eine Arche. Es war wirklich ein Jammer – die Wasser stiegen bis an den Hals! Es kam so weit, daß es den sechsunddreißig Gerechten um sich selbst bange wurde und sie sich zu einer Besprechung in der Stadt Bratkow versammelten. Sie saßen und dachten sieben Tage und sieben Nächte und hatten beinahe beschlossen, sich irgendwie zu versündigen, damit es auch die sechsunddreißig Gerechten nicht mehr gibt und der Messias kommen kann, um endlich ein Ende zu machen! Unter ihnen befand sich aber ein einfacher Mann, ein Wasserträger, und der trat diesem Beschluß entgegen: ,,Nein!" und ,,Nein!" Eine Stimme vom Himmel bestärkte die übrigen in ihrem Entschluß, der Engel Gabriel zeigte sich ihnen und meldete, daß man es auch im

Himmel so wünsche. Doch auf den Wasserträger machte das nicht den geringsten Eindruck, er wollte sich nicht versündigen! Und man stritt so lange herum, bis man endlich beschloß, den bösen Trieb einzufangen und ihm den Garaus zu machen.

Alle sechsunddreißig Gerechten waren einfache, arme Juden; außer dem Wasserträger waren es noch Schuster, Holzhacker, Steinklopfer und dergleichen. Doch einer von ihnen hatte kurz vorher eine reiche Tante, die zu Alexandrien in Ägypten gestorben war, beerbt. Er hatte aber noch nicht Zeit gehabt, den Versuchungen des goldenen Kalbes zu erliegen. Und für dieses Geld, das er geerbt hatte, ließen sie sich aus Ägypten einen Eunuchen kommen.

Man machte aus diesem Eunuchen einen Rebben mit Bart und Schläfenlocken und staffierte ihn aus, wie es sich gehört: mit einem gesteppten Kaftan, Schuhen und Strümpfen und einem vorne offenen Hemd. Dann begann man den bösen Trieb zu necken: „Komm her und zeige an diesem da deine Kunst!"

Der böse Trieb kommt. Er weiß doch von nichts! Wie er den Juden mit Bart und Schläfenlocken sieht, fängt er laut zu lachen an: „Ha, ha, ha! Eine große Kunst, einen solchen zu einer Sünde zu verführen!"

Er kommt gar nicht auf den Gedanken, daß er es mit einem Eunuchen zu tun hat. Er setzt sich also neben ihn hin, fängt mit ihm zu schäkern an, redet und scherzt klug, frech, gotteslästerlich. Doch der Eunuch versteht kein Wort und lächelt nicht einmal. Der böse Trieb wurde heiser, es ist das erste Mal, daß ihm ein Rebbe soviel Arbeit macht! Nun tut er einen Pfiff. Du lieber Himmel! Es erscheinen allerlei Frauen, vornehme und einfache, junge Weibchen und so Weibsvolk. Sie kommen paarweise, wie die unreinen Vögel in Noahs Arche, und sind verschieden gekleidet, mit Krinolinen, ohne Krinolinen, verschleiert, maskiert und halbnackt. Und mit verschiedenen Mienen, lachend und weinend, keifend und schreiend – aber es hilft gar nichts! Der böse Trieb hat schon so viel Schweiß vergossen, als ob er eine ganze Woche Holz gehackt hätte. Und der Eunuch ist noch immer kalt! Der böse Trieb pfeift wieder, und es erscheint Rachab, die Buhlerin in eigener Person – doch auch das hilft nichts! „Ich will noch einen Versuch machen", sagt der böse Trieb. „Ich will ihn etwas massieren!" Er packt den Eunuchen und beginnt ihn zu kitzeln, zu streicheln und auf jede Weise zu bearbeiten. Es nützt nichts! Und der böse Trieb arbeitet so lange am Eunuchen herum, bis er wie eine Gans zu röcheln beginnt. Hände und Füße erlahmen ihm, und schließlich wird er ohnmächtig.

Die sechsunddreißig Gerechten hatten nur darauf gewartet. Sie fielen über den bösen Trieb her, banden ihn mit dreißig Paar achtfacher Zizzes, schlach-

teten ihn mit einem Beschneidungsmesser, steckten ihn in einen glühenden Backofen und verbrannten ihn zu Asche. Und als sich gerade ein starker Sturm erhob, nahmen sie die Asche und streuten sie in alle vier Winde.

Im Himmel gab es große Freude, und auf Erden brachen gesegnete Zeiten an. Es begann ein glückliches Leben, die Völker hörten auf, sich zu bekriegen, Mann und Weib zankten sich nicht mehr, und die Schürhaken und Backschaufeln wurden nur noch zum Heizen und Backen gebraucht, alle Könige lösten ihre Armeen auf, die Gewehre schenkte man den kleinen Kindern für Lag bo-Oimer, und die Kanonen stellte man auf den Feldern als Vogelscheuchen auf. Damals durfte man auf jede Kanone mit dem Finger zeigen und nach Herzenslust lachen. Und es herrschte in der Welt eitel Friede, Fröhlichkeit und Glückseligkeit.

Soweit wäre ja alles schön und gut – aber die Stangen des Traubaldachins, wie man sie einmal in eine Ecke der Synagoge gestellt hatte, so standen sie noch immer da. Jeder Mann war ein Porusch geworden und jede Frau eine Gabbete, die Tage der Enthaltsamkeit währten das ganze Jahr! Rabbiner, Schuldiener, Vorbeter, Heiratsvermittler und Musikanten waren arbeitslos, es gab keine Hochzeitskosten mehr, keine Hochzeitskleider, keine Aussteuer, keine Trauungen – die Leute taten nichts als sitzen und lernen!

Schließlich wurde man nachdenklich. Wie soll das weitergehen? Die Leute sterben ja wie bisher, doch neue Menschen werden nicht geboren! Hat man je so etwas gehört? Gott allein weiß, wie es geendet hätte, wenn nicht der Chelmer Melamed...

Hört nur die Geschichte:

Noch vor der Zusammenkunft der sechsunddreißig Gerechten hatte ein Melamed in Chelm gemerkt, daß der böse Trieb ihm sehr stark zusetzt. Er geht ins Lehrhaus – der böse Trieb geht mit. Er fährt zu einem Rebben, und auch der böse Trieb fährt mit, sogar mit großem Vergnügen! Der Melamed geht ins Ritualbad, und der böse Trieb – ausgelöscht sei sein Name! – hält sich die Nase zu und folgt ihm auch dorthin. Wie der Melamed sieht, daß die Sache so schlimm steht und er sein ganzes Guthaben verlieren kann, faßt er einen Entschluß und flieht in einen Wald.

Sieben Jahre lebte er im Walde, schlief auf der nackten Erde, nährte sich von faulen Wurzeln und las die Psalmen und den Sohar. Und er wurde so mager, daß man ihn durch ein Nadelöhr hätte ziehen können, und so durchsichtig, daß man ihn überhaupt nicht mehr sah. Er wurde so ein Geschöpf, das jeden sieht, doch von niemandem gesehen wird. Ihr versteht?

Als er bei dieser Stufe der Vollkommenheit angelangt war, machte er sich auf, um in die bewohnten Stätten zurückzukehren. Er glaubte, daß er den bösen Trieb für immer los sei und daher nach Hause zurückkehren könne.

Doch gerade als er aus dem Walde herauskam, erhob sich ein starker Sturm, der beinahe die Welt umkehrte! Es war nämlich jener Augenblick, als die sechsunddreißig Gerechten die Asche des bösen Triebes in alle vier Winde zerstreuten. Und ein Stäubchen von dieser Asche flog dem Melamed – nicht auf euch gedacht! – ins linke Auge. Eine schöne Geschichte! Das linke Auge fing nun an, Dinge zu sehen, die man sonst in der ganzen Welt nicht sieht. Und vom linken Auge steckte sich auch das rechte an, und dann kam die Ansteckung ins Gehirn und ins Herz. Kurz und gut – der Chelmer Melamed war wieder angefüllt mit bösem Trieb, und als er zu den Menschen zurückkehrte, steckte er allmählich die ganze Welt an!

Mein Großvater, seligen Angedenkens, von dem ich diese Geschichte gehört habe, pflegte immer zu sagen, daß, wenn es den Chelmer Melamed nicht gegeben hätte, wir gar nicht auf der Welt wären! Und sooft er, mein Großvater, seligen Angedenkens, eine Hochzeit sah oder eine Beschneidungsfeier oder die Feier der Auslösung einer Erstgeburt, sagte er immer: „Das sind des Chelmer Melameds Taten! In jedem von uns steckt etwas vom Chelmer Melamed …!“

Nachwort

,,Die jiddischen Schriftsteller und Künstler bemühen sich schon lange, in das mystische Dunkel der kleinen jüdischen Welt Licht zu bringen... Auch ich beteilige mich seit mehr als einem halben Jahrhundert mit meinen schwachen Kräften an dieser Arbeit; ich bemühe mich, den inneren Sinn im Leben der Ghettobewohner zu erfassen, und finde hier das lichte Bild des Menschen mit allen seinen Freuden und Sorgen und dem Streben zum Ideal. Die auftretenden Gegensätze zwischen den äußeren Lebensbedingungen des dunklen Ghettos und den reinen Seelenregungen seiner Bewohner schaffen zuweilen komische Situationen, die bald ein leises Lächeln, bald ein lautes Lachen hervorrufen. Diese Erscheinung wird von den Lesern nicht dem Leben selbst, dem sie eigen ist, zugeschrieben, sondern der Phantasie des scherzhaft aufgelegten Autors – und der Autor wird irrtümlich zu den Humoristen gezählt.

Der Gedanke, nicht nur die Bewohner des Ghettos selbst mit dem Wesen des Ghettos bekannt zu machen, sondern durch Übertragung der Werke jiddischer Schriftsteller es auch der großen Menge näherzubringen, kann nur begrüßt werden. Die meisten Übel, die sich über die Häupter meiner Brüder ergießen, entstehen durchaus nicht dadurch, weil man uns – wie manche es sich einbilden – zu gut kennt, sondern nur dadurch, daß man uns gar nicht oder fast gar nicht kennt."

Diese Worte von Scholem Alechem finden sich als Vorspruch in einem ins Deutsche übertragenen, 1919 bei einem Berliner Verlag erschienenen Auswahlband seiner Erzählungen. Sie geben Auskunft über das Anliegen aller drei hier vorgestellten Autoren. Scholem Jakob Abramowitsch (1835 bis 1917), der sich als Schriftsteller den Namen Mendele Moicher Sforim (Mendele der Bücherkrämer) gab, Scholem Rabinowitsch (1859–1916), der sich nach dem jüdischen Gruß Scholem Alechem (Friede sei mit euch!) nannte, und Jizchok Leib Perez (1852–1915), die drei großen Klassiker der jiddischen Literatur, hatten ihre Hauptschaffensperioden in der zweiten Hälfte des 19. Jahrhunderts, einer Zeit, die von sozialemanzipatorischen Bestrebungen in Osteuropa gekennzeichnet war. Mit dem Erstarken des Bürgertums und dem unaufhaltsamen Eindringen aufklärerischen Gedankenguts wuchsen die Kräfte des Judentums, die nach Befreiung aus der Enge des Ghettos drängten. Zu ihnen muß man diese drei Autoren zählen, die neben literarischen vor allem didaktische Ziele verfolgten. Sie wollten aufklärerisch wirken, auf soziale Ungerechtigkeiten, erstarrte Orthodoxie und irreführenden Wunderglauben, auf Unbildung und Elend aufmerksam machen. Mit Humoresken und Satiren hielten sie ihrem Volk den Spiegel vor, ließen es über sich selbst lachen und wollten über das Lachen zum Nachdenken bewegen. Alle drei schrieben zuerst in Hebräisch, bald aber bewußt in jiddischer Sprache; zunächst, weil sie nur in dieser Sprache das ganze Volk erreichen konnten, das die „heilige Sprache" des religiösen Schrifttums nicht ausreichend beherrschte, später jedoch aus Liebe zu ihr, ihres Reichtums, ihrer Volkstümlichkeit wegen. So ist es vor allem diesen drei Autoren zuzuschreiben, daß das von gelehrten und emanzipierten Juden als „Jargon" geschmähte Jiddisch seinen Siegeszug als anerkannte Kultursprache beginnen konnte, der 1978 in der Verleihung des Nobelpreises für Literatur an Isaac Bashevis Singer seinen bisherigen Höhepunkt fand.

Wer die selten gewordene Gelegenheit hat, Jiddisch zu hören, wird feststellen, daß es eine dem Deutschen ähnliche Sprache ist. Die Wurzeln für diese offenkundige Verwandtschaft bloßlegen heißt sich mit einem unrühmlichen Kapitel deutscher Geschichte beschäftigen. Religiöser Fanatismus tobte sich zur Zeit der mittelalterlichen Kreuzzüge an den seit Generationen, zum Teil seit der Römerzeit an Rhein, Main und Donau seßhaften Juden aus. Die Juden, die mit dem Leben davonkamen, flohen nach Osten und retteten oft nichts als ihre Sprache, das Judendeutsch, ein mit Worten ihrer Kultursprachen Hebräisch und Aramäisch angereichertes mittelhochdeutsches Idiom. In den neuen Siedlungsgebieten Osteuropas entwickelte sich daraus im Verlauf von etwa fünfhundert Jahren durch Aufnahme vor allem slawischen Wortguts das heutige Jiddisch. Etwa fünf Millionen Menschen sprechen und lesen heute diese Sprache; 1930, vor dem faschistischen Völkermord, waren es noch dreizehn Millionen.

In den slawischen Ansiedlungsgebieten, Polen, Weißrußland, dem Baltikum und der Ukraine, kam es zu keiner Assimilierung der jüdischen Bevölkerung. Man muß die Ursachen dafür in folgenden historischen Tatsachen suchen: Im zaristischen Rußland gab es das Bestreben, den Siedlungsraum der Juden auf bestimmte Zentren, hauptsächlich auf Kleinstädte, zu beschränken, sie von Schulen und Universitäten fernzuhalten, sie an der Ausübung vieler Berufe zu hindern, sie mit größeren Steuerlasten und höherem Pflichtaufkommen bei der Bereitstellung von Rekruten zu belegen. Noch 1853 erließ Zar Nikolaus I. die Verfügung, daß „Juden nicht in Dörfern oder Flecken wohnen dürfen und jüdische Ärzte nicht in den Staatsdienst aufgenommen werden". Diskriminierende Maßnahmen dieser Art führten notgedrungen zur Isolierung. Sie erleichterte es der orthodoxen Rabbinerschaft und den Zaddikim (Oberhäuptern der Chassidim), jüdische Traditionen und kultische Frömmigkeit im Volk lebendig zu halten, was neben der Bewahrung der jüdischen Eigenständigkeit wiederum eine Absonderung von der übrigen Bevölkerung zur Folge hatte. Das von außen aufgezwungene Ghettodasein wurde letztlich zur religiösen Tugend erhoben.

Das Leben in den jüdischen Kleinstädten war durch solch mannigfachen Zwang erheblich erschwert. Kleine Handwerksbetriebe, Handel und Pachtgeschäfte bildeten die Haupterwerbsquellen, sie waren jedoch durch die zunehmende Industrialisierung mehr und mehr gefährdet. Die wenigen in kapitalistischer Manier zu Reichtum gelangten Juden trugen zusätzlich zur Verelendung des eigenen Volks bei. Religiöse Vorschriften, die durch 613 Gebote bestimmten Verhaltensnormen für den gesamten Tagesablauf und alle Belange des Lebens, gaben zwar einen gewissen inneren Halt, machten aber das Leben nicht leichter. Da es für männliche Juden zur Tugend gehörte, sich ein Leben lang dem Studium der religiösen Schriften zu widmen, lag die Hauptlast des Alltags auf den Schultern der – nach unserem heutigen Verständnis – rechtlosen Frauen. (Sie waren von der höheren talmudischen Bildung ausgeschlossen, ihnen wurde bei der Vermählung zur Minderung ihrer Reize das Kopfhaar geschoren, sie konnten von ihrem Mann jederzeit den Scheidebrief erhalten. In der „anderen Welt" ist die Ehefrau der „Fußschemel" ihres Mannes.) Davon erzählen einige Geschichten dieses Bandes („Im Postwagen", „Des Rebben Pfeifenrohr"). Von der unheilvollen Wirkung „wundertätiger Rabbis" auf schlichte Gemüter erfährt man aus den Erzählungen „Wie Schloimele von der Seelenwanderung erfuhr" und „Des Rebben Pfeifenrohr". Mendeles Geschichte von der „Erfindung des Napoleonhutes" geht auf ein konkretes historisches Ereignis zurück: 1846 durchreiste der reiche englische Jude Sir Moses Montefiore mit Zustimmung des Zaren mehrere jüdische Ansiedlungsgebiete, um Nachforschungen über die Lage der dort lebenden Juden anzustellen. Die Reise fiel zeitlich mit solch fragwürdigen Reformbestrebungen des Zaren zusammen wie beispielsweise dem Erheben einer Steuer auf das Tragen der jüdischen Tracht. („Einer Steuer von 5 Rubeln unterliegt das Tragen von schirmlosen Mützen.")

Diese Texte besitzen also neben ihrem literarischen einen ebenfalls nicht zu unterschätzenden dokumentarischen Wert. Es sind Bilder des Lebenskampfes einer ethnischen Minderheit, die Lenin 1914 mit folgenden Worten charakterisierte: „Keine einzige Nation wird in Rußland so sehr unterdrückt und verfolgt wie die jüdische. Der Antisemitismus schlägt unter den besitzenden Schichten immer tiefere Wurzeln. Die Verfolgung der Juden hat in den letzten Jahren ein unglaubliches Ausmaß erreicht."

Nach einer kurzen Phase relativer Freizügigkeit, eingeleitet durch die Aufhebung der Leibeigenschaft 1861 durch Zar Alexander II., die auch den

Juden einige Erleichterungen brachte, brach mit dem Kiewer Pogrom 1881 erneut eine Zeit verschärfter Judenverfolgungen an. Sie fanden mit der Niederschlagung der russischen Revolution von 1905 und infolge des Kiewer Ritualmord-Prozesses 1912/13 grausame Höhepunkte und veranlaßten viele Juden, ihre Heimat zu verlassen und nach Amerika auszuwandern. Die Veränderungen, die mit der Großen Sozialistischen Oktoberrevolution eingeleitet wurden, haben alle drei Autoren nicht mehr erlebt.

Aus kulturhistorischer Sicht bilden die drei Klassiker der jiddischen Literatur eine Einheit, näher besehen sind sie jedoch recht unterschiedliche, unverwechselbare künstlerische Persönlichkeiten. Der älteste unter ihnen, zugleich der schärfste Satiriker, *Mendele Moicher Sforim*, hat sich bereits auf seine Weise im „Vorspruch", dem ersten Text dieser Auswahl, vorgestellt. Mendele wurde traditionell jüdisch erzogen; er besuchte sieben Jahre lang eine Talmud-Hochschule, wo er heimlich deutsche Klassiker las, was ihn in seinem Wunsch bestärkte, für die soziale und geistige Befreiung seines Volkes zu wirken. Er verließ die Hochschule 1864 und widmete sich fortan der Literatur. Als Bücherkrämer zog er von Stadt zu Stadt und lernte den Alltag seiner „Jiddelach" aus nächster Nähe kennen. Schmutz und Häßlichkeit, Grausamkeit und Korruption, Armut und Elend registrierte er mit schmerzlicher Deutlichkeit. Unerbittlich beschrieb er die herrschenden Zustände in dem Geschichtenroman „Die Reisen Benjamins des Dritten", in dem Episodenbuch „Die Mähre", im „Wunschring" und in der Erzählung „Fischke der Lahme". Mit zunehmendem Alter wuchs sein Mitgefühl für die Schwächen und Leiden der Juden. Die scharf ironische Darstellungsweise wich einem verständnisvollen Resümieren. Von bitterem, aber gütigem Humor zeugen die in diesem Band enthaltenen Texte, drei Kapitel aus dem unvollendet gebliebenen autobiographischen Roman „Schloimele".

Scholem Alechem ist unter den drei hier versammelten Autoren ohne Zweifel derjenige, der schon zu Lebzeiten bei den Juden in Ost und West die nachhaltigste Wirkung hatte und international die größte Anerkennung fand. Vor allem sein Episodenroman „Tewje der Milchmann", der auch als Textvorlage für das Musical „Anatewka" („Der Fiedler auf dem Dach") diente, trug den Ruhm des Autors um die ganze Welt.

In seinem anfangs zitierten Vorwort erklärt Scholem Alechem, die von ihm beschriebenen, zum Lachen reizenden Geschichten böte ihm das Leben selbst. Es bedurfte aber zweifellos des spöttisch-liebevollen Blickes des Autors, aus ihnen so mitreißend fröhlich-traurige Lebensbilder entstehen zu lassen.

Scholem Alechem wurde in der ukrainischen Kleinstadt Perejaslawl geboren. Er war erst 14 Jahre alt, als seine Mutter an Cholera starb. Mit der nach angemessener Trauerzeit ins Haus gekommenen Stiefmutter scheint es Schwierigkeiten gegeben zu haben. Ihre wortreichen Schimpfkanonaden gegen die Kinder veranlaßten Scholem Alechem zu seinem ersten literarischen Werk: einem „Lexikon der Schimpfwörter und Flüche einer Stiefmutter, von A wie Ausgeleierter Besen bis Z wie Zyniker".

Die Lust am Schreiben brachte dem Schüler mehr Ärger als Bewunderung ein. So versuchte er, nachdem er mit 17 Jahren das Gymnasium verlassen hatte, sein Brot zunächst als Hauslehrer, später als Kaufmann zu verdienen. Wie viele seiner Zeitgenossen glaubte er, mit klugen Geschäften sein Glück machen zu können. Doch dieser Traum endete mit einem wirtschaftlichen Ruin. Daraufhin widmete er sich endgültig dem Schreiben.

Seine erste längere Erzählung, die Geschichte vom verliebten Geiger „Stempenju", brachte er in der von ihm begründeten „jiddischen Folksbibliothek" (1888–1889) unter die Leute. In ihr erschienen u. a. auch Gedichte und Erzählungen von Mendele Moicher Sforim und J. L. Perez. Die Erfahrungen, die Scholem Alechem als erfolgloser Kaufmann und glückloser Börsenspekulant gemacht hatte, brachte er in den Briefroman „Menachem Mendel" ein. Eine Probe seines erfrischenden Humors gibt der Autor im „Behexten Schneider", der Geschichte von der Ziege, die sich auf wundersame Weise immer wieder in einen Ziegenbock verwandelt.

Scholem Alechems Humor ist so umfassend und tief, daß selbst tragische Passagen eine gewisse Leichtigkeit gewinnen. Davon zeugen u. a. seine Schtetl-Geschichten „Kassrilowka". Was Mendele Moicher Sforim in karikaturesk überhöhter Form darstellt, läßt Scholem Alechem den Leser durch die Brille freundlicher Verklärung sehen.

Nach den verheerenden Pogromen von 1905 – Lenin zog die traurige Bilanz von 4000 ermordeten und 10000 verstümmelten Juden (in einer Rede, gehalten im Januar 1917 in Zürich) – verließ Scholem Alechem mit Zehntausenden Glaubensgenossen seine Heimat. Ein weiteres tragisches Kapitel jüdischer Geschichte hatte begonnen. Von diesem großen Exodus, den aus der Enge ihrer Vergangenheit in das Land der „unbegrenzten Möglichkeiten" geschleuderten jüdischen Menschen, berichtet der Episodenroman „Motel, der Sohn des Kantors Peise". Scholem Alechem starb in New York, ohne dieses Werk vollendet zu haben.

Jizchok Leib Perez übte mit seinem Schrifttum eine ungewöhnliche Anziehungskraft auf die Jugend seiner Zeit aus. Für sie brachte er 1893 die „Jom-tow-bletlech" („Feiertagsblätter") heraus, in denen er sozialkritische

Erzählungen von schonungsloser Direktheit veröffentlichte. Er wollte das jüdische Volk aus seiner fatalistischen Demut reißen.

Perez entstammt einer wohlhabenden jüdischen Familie der polnischen Stadt Zamość. Er ging als Student durch die strenge Orthodoxie einer Talmud-Hochschule, blieb hier aber ebenfalls nicht unbeeinflußt von der heimlichen Lektüre deutscher Aufklärer. Seine Existenz als Rechtsanwalt verlor er wegen seines sozialistischen und antizaristischen Engagements. Er siedelte nach Warschau über und lebte dort als Angestellter der jüdischen Gemeinde.

Perez wandte sich verhältnismäßig spät, dann aber um so leidenschaftlicher dem Jiddischen zu. Seiner Herkunft und Bildung nach stand er zunächst unter dem Einfluß der Haskala, der jüdischen Aufklärung, einer von der jüdischen Intelligenz ausgegangenen Bewegung, deren Anhänger traditionsbewußt Hebräisch als die einzige Sprache der Juden akzeptieren wollten.

Zu Beginn der neunziger Jahre wechselte Perez jedoch endgültig zum Chassidismus über. Wie die Haskala, war auch der Chassidismus aus der Opposition zur starren Orthodoxie entstanden; er aber sprach die breite Masse der Juden an, denn er wollte den Glauben aus seiner Gelehrsamkeit befreien und ihn zu einem lebensfrohen Bekenntnis für jedermann machen. Jiddisch galt unter Chassidim als Muttersprache der Juden. Perez erkannte die demokratischen Charakterzüge dieser volksnah-romantischen Bewegung; sie kamen seinen sozial engagierten Bestrebungen entgegen. Er griff die seit Urzeiten im Volk lebenden Mythen und Legenden auf und verarbeitete sie in seinen „Chassidischen Novellen“ zu lehrstückhaften Gleichnissen. Die im vorliegenden Band enthaltene Erzählung vom „Chelmer Melamed“ steht als Beispiel hierfür. Sie geht zurück auf die Sage von den „sechsunddreißig Gerechten“ – Handwerker, Holzfäller, Wasserträger und andere –, die für die Erhaltung der Welt verantwortlich seien. Den tiefen Weisheitsgehalt solcher Überlieferungen hebt Perez in seiner Prosa anschaulich hervor.

In jeder seiner Schaffensperioden, der realistischen, der romantischen und der symbolistischen, verstand sich Perez vor allem als Erzieher seines Volkes.

Wenn ostjüdische Erzähler mit lächelnder Selbstironie oder beißendem Spott über Torheit, Trägheit, Geschwätzigkeit, Neugier, Verschlagenheit, Schmutz oder mangelhafte Bildung des eigenen Volkes spotten, wird ein Lachen provoziert, das einem zunächst im Halse steckenbleibt. Man sieht sich einem Humor gegenüber, der aus der Tragik geboren wurde und in Zynismus umzuschlagen droht. Scholem Alechem erklärt, die Wurzeln dieses spezifisch jüdischen Humors seien in den „Gegensätzen zwischen den äußeren Lebensbedingungen des dunklen Ghettos und den reinen Seelenregungen seiner Bewohner“ zu suchen. Das Spannungsverhältnis resultierte aus dem für die Ostjuden damals kaum lösbaren Widerspruch zwischen dem Wunsch, Traditionen zu bewahren, die ihnen ein Überleben, Identität und Würde ermöglicht hatten, und dem emanzipatorischen Drang, aus Enge und Isolierung herauszugelangen. Dieser Widerspruch bereitete den Boden für die jüdische selbstironische Satire.

Den Westeuropäern und auch den dort angepaßt lebenden Juden, denen die Industrialisierung und die damit verbundenen Segnungen der Zivilisation gleichbedeutend waren mit kulturellem Fortschritt, galt der arme, schmutzige „Kaftanjude“ des Ostens als dumm und rückständig. Er wurde zur Zielscheibe distanzierenden, bösen Spottes und alberner Witzeleien. Diese Art arroganten Sichlustigmachens hat mit jüdischem Humor nichts zu tun. Über Andersartiges, Fremdes höhnten die Ostjuden nicht. Ihr Spott richtete sich gegen das eigene Ich, er ist gutmütig und ehrlich, mitunter traurig und demütig, häufig aber auch herzhaft und animierend.

Bösartige Spötterei und Zoten waren bereits im alten Judentum verboten. Im Talmud wird der Spötter dem Sünder gleichgestellt: „Schädlich ist die Spötterei, denn ihr Beginn ist Leid, ihr Ende Vernichtung“ (Jerusalemer Talmud, Berachot, Abschnitt 2, fol. 5 c). Im Gegensatz zum Spott werden im Talmud Spaß, Posse und Witz geradezu gelobt: „... und er fragte sie: ‚Was ist eure Beschäftigung?‘ Sie erwiderten: ‚Wir sind Spaßmacher, erheitern die Traurigen, und wenn wir Streitende sehen, so bemühen wir uns, Frieden zu stiften.‘... Da sprach er: ‚Diese sind der zukünftigen Welt teilhaftig!‘“ (Babylonischer Talmud, Taanit, fol. 22a)

Jüdischer Humor hat seine Traditionen. Anekdoten, Schnurren, Gleichnisse und Schelmengeschichten sind aus dem Mittelalter überliefert. Schon aus dem 3. Jahrhundert u. Z. stammen die prahlerisch-amüsanten Abenteuergeschichten des Seefahrers Rabba bar bar Chana, die den Lügenmärchen des Freiherrn von Münchhausen ähneln. Von talmudischem Geist durchdrungen, von gutmütigem Humor, aber auch von hintergründigem Witz sind die Schelmenstreiche des Hersch Ostropoler, des jüdischen Till Eulenspiegel. Der Überlieferung nach lebte er im 18. Jahrhundert, foppte wie Till die harmlosen Bürger, blamierte die Selbstgefälligen, prellte die Reichen und half den Armen aus der Bedrängnis. Viele Legenden berichten von seinen „Untaten“ in der Stadt Chelm, deren Einwohner in der Legende zu ähnlichem Ruhm gelangten wie die Schildbürger.

Narrengestalten gehörten zu jeder ostjüdischen Stadt. Einige brachten es zu besonderem Ansehen, so der Schelm Choisek, der Starke. Sein Name wurde sprichwörtlich benutzt, um Hohn und Lächerlichkeit zu benennen.

Unzählige Anekdoten über Witze und Streiche solcher Narren gingen im Volk von Mund zu Mund und erheiterten die Gemüter. Von der Wahl eines Stadtnarren besonderer Art erzählt folgende Anekdote: „In einem polnischen Städtchen starb der Stadtnarr, und da eine ostjüdische Gemeinde ohne Stadtnarren undenkbar ist, sollte dieser Posten möglichst bald neu besetzt werden. Eine Prüfungskommission wurde eingesetzt, die an einem bestimmten Tage öffentlich auf dem Schulhof ihres Amtes waltete. Es bewarben sich viele um das einträgliche Amt und suchten ihre Meisterschaft in der Narrheit zu beweisen. Doch niemand wurde von der Kommission für närrisch genug befunden. Ein junger Dichter, der bereits fünf dicke Dramen und über hundert Gedichte in seinem Schubfache hatte, schaute unwillig diesem Treiben zu, und endlich schrie er voll Empörung: ‚Ihr Philistergesindel, ist denn jedes Schamgefühl in euch abgestorben, daß ihr wegen einiger armseliger Rubel den Götterfunken Vernunft in eurer Brust tötet und eure Menschenwürde verleumdet? Wo bleibt da die Kultur und die geistige Hoheit?‘ Da erhob sich der Vorsitzende der Prüfungskommission und klopfte dem Dichter auf die Schulter: ‚Junger Freund, ich glaube, Sie sind der würdigste für den Posten. Denn wer noch heute von Vernunft, Kultur und Menschenwürde zu sprechen vermag, ist der König der Narren.‘ “

Einer der letzten bildenden Künstler, die das Schtetl-Milieu aus eigenem Erleben darzustellen vermochten, war *Anatoli Lwowitsch Kaplan.* Sein gesamtes Schaffen trägt den Stempel seiner Herkunft, seiner Kindheits- und Jugenderinnerungen. Kaplan wurde 1902 in Rogatschow, einem typischen, dörflichen Ghettostädtchen Bjelorußlands, geboren. Acht Bethäuser und Synagogen gab es dort und drei Kirchen, die niedrigen Holzhäuser der Armen, die kleinen Krämerläden und die kaum eine Familie ernährenden Handwerksbetriebe. Dazu die protzigen Häuser und prächtigen Gespanne der wenigen Reichen.

Als Sohn einer armen kinderreichen jüdischen Handwerkerfamilie wuchs er mit den Riten und Bräuchen der Ostjuden auf. Im Alter der jüdischen Volljährigkeit, mit dreizehn Jahren, schickten ihn die Eltern auf eine russische Schule in Rogatschow. Bereits drei Jahre später arbeitete er hier seiner außergewöhnlichen Begabung wegen als Zeichenlehrer.

Sein erster Lithographiezyklus ist dem Ort seiner ersten Lebensjahre gewidmet. Daß er ihn nach Scholem Alechems Erzählungen „Kasrilowka“ nannte, spricht für seine enge Bindung an die jiddischen Klassiker.

Bjelorußland galt bereits zu Kaplans Geburt als Zentrum traditioneller jüdischer Kultur. Weltbekannte Künstler wie Marc Chagall, El Lissitzky, Jacques Lipschitz und Chaim Soutin wurzeln in dieser Kulturlandschaft. Zu ihnen gehört A. L. Kaplan als ein Künstler, der mit seinen Bilderfolgen wie ein Chronist die versunkene ostjüdische Welt festhielt. Mit fast naiv zu nennender Weltsicht, warmer Menschlichkeit und Anteilnahme am alltäglichen Geschehen setzte er das Leben seines Volkes ins Bild.

Bevor aus dem kleinstädtischen Zeichenlehrer der große Graphiker, Keramiker und Maler wurde, fanden weltverändernde, historische Ereignisse statt. Mit der Oktoberrevolution wurden endlich die Schranken des Ghettos niedergerissen, der zwanzigjährige Anatoli erhielt 1922 die Möglichkeit, an der Petrograder Akademie der Künste zu studieren. Hier lernte er innerhalb von fünf Jahren nicht nur die oft stark divergierenden Lehrmeinungen und künstlerischen Strömungen seiner Zeit kennen, er beschäftigte sich auch intensiv mit dem bildnerischen Volksschaffen, der klassischen russischen Kunst und den Schätzen der Weltkultur. Nach dem Studium schlug er sich zunächst als Gebrauchsgraphiker durchs Leben, bis er 1937 vom Ethnographischen Museum Leningrad den Auftrag für einige Gemälde oder Graphiken zum Thema „Aus dem Leben des jüdischen Volkes" erhielt. Der daraufhin entstandene Zyklus „Kasrilowka" ist der Beginn seines unverwechselbaren Lebenswerkes.

Eine jähe Unterbrechung seiner schöpferischen Entwicklung bedeutete für Kaplan 1941 die Evakuierung aus dem belagerten Leningrad in den nördlichen Ural. Nach seiner Rückkehr 1944 hat er zunächst mit dem Zyklus „Leningrad" seiner großen Liebe zu dieser Stadt an der Newa Ausdruck verliehen.

Es bedurfte jedoch nur weniger Jahre, und Kaplan fand zu seinem alten Thema zurück. Die Auseinandersetzung mit der jiddischen Literatur inspirierte ihn zu Bilderfolgen in den verschiedenen Techniken. 1953 bis 1957 entstanden die Farblithographien zum „Behexten Schneider". Hier umgab er Figuren und Szenen mit breiten ornamentalen Rahmen, die er mit mythologischen Symbolfiguren schmückte. 1957 begann er mit der Arbeit an den Schwarz-Weiß-Lithographien zu „Tewje, der Milchmann", die am Ende drei große Zyklen ausmachten. Romantisch und lieblich sind ein großer Teil seiner Lithographien zu der Erzählung „Stempenju", die zwischen 1965 und 1967 entstanden. Fast gleichzeitig schuf er die beinahe monumental wirkenden Lithographien zu Mendele Moicher Sforims „Fischke der Lahme". Wie eine Liebeserklärung an den großen Dichter Scholem Alechem mutet der Farbzyklus zum „Lied der Lieder" an. Er beginnt mit einem Porträt des Autors, umgeben von Medaillons mit Szenen und Gestalten seiner schönsten Romane.

Ende der fünfziger Jahre wendet sich Kaplan der Temperamalerei und der Gouachetechnik zu. Seine erste Gouache-Serie unter dem Titel „Jiddische

Volkslieder" beendet er 1963. Fröhliche Szenen, farbenfrohe Interieurs und Landschaften umgibt er mit Rahmen und Schriftbändern, die an die russische Volkskunst erinnern. Von seiner Liebe zur Farbe, seinen malerischen Bestrebungen zeugen einige Blumenstilleben. Zu einem regelrechten Farbenrausch ließ er sich hinreißen, als er Ende der sechziger Jahre seine Keramiken mit leuchtenden Glasuren versah.

Kaplan war bereits 70 Jahre alt, als er seine erste Kaltnadelradierung anfertigte. Innerhalb kurzer Zeit entstand in dieser Technik ein künstlerisches Werk, das allein ausreichen würde, dem Ruhm dieses Künstlers Bestand zu geben.

Kaum ein Jahrzehnt blieb Kaplan, um der Welt seine Meisterschaft im Umgang mit Pastell- und Ölfarben zu beweisen. Waren seine Tempera- und Gouachemalereien fast immer dynamisch und kraftvoll in der Farbgebung, so veranlaßten die Pastelltöne den Künstler zu Zartheit und Heiterkeit. Die dargestellten Szenen lassen die menschenfreundliche Weisheit des Alters erahnen, sie werden lebensbejahender und fröhlicher. „Erinnerungen an Rogatschow" nannte der Künstler die Blattfolgen, die er in seinen letzten Lebensjahren fertigstellte.

Die in diesem Band enthaltenen Pastelle, Gouachen und Ölbilder fanden sich im Nachlaß des im Juli 1980 verstorbenen Meisters. Sie gehören zu seinen letzten Arbeiten. Wir sind überzeugt, daß er sie gern selbst an die Seite der humoristischen Erzählungen dieser drei großen jiddischen Dichter gestellt hätte.

Es ist mir ein Bedürfnis, an dieser Stelle Herrn Professor Heinrich Simon zu danken, der mir bei der Herausgabe dieses Buches mit Rat und Hilfe zur Seite stand.

Ingetraud Skirecki

Anmerkungen

Abigail	Eine der Ehefrauen des biblischen Königs David.
Arbekanfes	„Vier Ecken“. Ein viereckiges Stück Stoff, das in der Mitte eine Öffnung hat, um über den Kopf gezogen zu werden. An den vier Ecken ist es mit Schaufäden versehen. Die Arbekanfes werden von männlichen Personen ständig unter dem Obergewand getragen in Erfüllung des biblischen Gebotes, ein Kleid mit Schaufäden zu tragen.
„Die Armen deiner eigenen Stadt gehen vor“	Ein Talmudzitat aus dem Traktat Baba mezia, folio 41a.
Auslösung einer Erstgeburt	Da alle männlichen Erstgeborenen ursprünglich als Gott geweiht galten, ist es üblich, sie 30 Tage nach der Geburt von dieser Verpflichtung zu lösen. Das geschieht durch die Zahlung einer Summe von 5 Silberschekeln (etwa 12–15 Mark) an einen Kohen, einen Angehörigen der ehemaligen Priesterschaft.
Der 9. Aw	siehe Tischebow.
Beschneidungsfeier	Jedes männliche Kind wird am achten Tag seines Lebens beschnitten. Dieser religiöse Akt wird in der Familie gefeiert.
Betstube	Beliebiger Raum, der für das gemeinsame Gebet (mindestens zehn Männer) bestimmt ist.
Sich in den kleinen Buchstaben auskennen	Umschreibende Formulierung für „ein Talmudkenner sein“.
Challe	Geflochtenes Weißbrot für den Sabbat, im Deutschen auch als Barches bezeichnet.
Chanukka	Achttägiger Halbfeiertag (d. h. ohne Arbeitsverbot) zur Erinnerung an den Makkabäeraufstand gegen die Syrerherrschaft in Palästina und an die Wiedereinweihung des geschändeten Tempels in Jerusalem 165 v. u. Z. An jedem Abend des Festes, das in den November oder Dezember fällt, werden an einem achtarmigen Leuchter Lichte angezündet, am ersten Abend eins, am zweiten zwei usw.
Cheder	Jüdische Elementarschule.
Chelm	Stadt in Polen. In der jüdischen Folklore entsprechen die Chelmer den deutschen Schildbürgern bzw. den griechischen Abderiten.
Chewra Kaddischa	„Heilige Brüderschaft“. In den jüdischen Gemeinden bestehende wohltätige Vereinigung, die sich vor allem auch mit der Bestattung der Toten beschäftigt.
Chossid (Plural Chassidim)	Anhänger einer Mitte des 18. Jahrhunderts in der Ukraine entstandenen, später in Osteuropa weit verbreiteten religiösen Bewegung mit mystisch-ekstatischen, auch abergläubischen Zügen.
Dalila	Ehefrau des biblischen Simson.
Deutsche Sintflut	Umschreibung für aufklärerische Ideen, die aus Deutschland kamen.

Elia	Gilt als Vorbote des Messias. Das Lied vom Propheten Elia ist ein häuslicher Gesang am Ausgang des Sabbat.
Esther	Nach dem gleichnamigen biblischen Buch, jüdische Königin von Persien.
Eßrog	Zitrusfrucht, die zum Feststrauß gehört, der am Laubhüttenfest beim Morgengebet in der Synagoge verwendet wird.
Ez Chajim	Kabbalistisches (mystisches) Werk des Chajim Vital (1543 bis 1620).
Friede mit Euch	Diese Worte sagt beim Mondsegen ein Betender zu seinem Nebenmann. Dieser hat darauf zu antworten „Mit Euch sei Friede". Der Satz „Komm, o Freund, der Braut entgegen" stammt aus einem Lied zur Begrüßung des Sabbats, paßt also nicht in diesen Zusammenhang.
Fleisch und Milch mischen	Nach den rituellen Speisegesetzen dürfen Fleisch- und Milchgerichte nicht gleichzeitig, d. h. bei *einer* Mahlzeit genossen werden.
Gabbe (Plural Gabbojim)	Synagogenvorsteher.
Gabbete	Vorsteherin eines Wohltätigkeitsvereins.
613 Gebote	Im Text des Pentateuch befinden sich nach Meinung der jüdischen Gelehrten 248 Gebote und 365 Verbote.
„Gelobt sei der gerechte Richter"	Traditionelle Formel beim Empfang einer Todesnachricht.
Gemara	Bestandteil des Talmuds (s. dort).
Sechsunddreißig Gerechte	Nach einer zuerst im Talmud auftretenden Legende, die später besonders in der jüdischen Mystik weit verbreitet war, hat die Welt nur darum Bestand, weil ständig sechsunddreißig Gerechte unerkannt unter den Menschen leben.
Goj (Plural: Gojim)	Nichtjude.
gojisch	nichtjüdisch.
Haggada	Erzählung vom Auszug Israels aus Ägypten, die an den beiden ersten Abenden des Pessachfestes beim häuslichen Mahl vorgelesen wird.
Hajssin	Stadt in der Ukraine (russisch: Gaissin).
Haube	siehe Stirnband.
Heilige Sprache	Hebräisch.
Bis 120 Jahre	Traditioneller Wunsch für ein langes Leben, weil Mose dieses Alter erreicht haben soll.
„Jissmechu bemalchußcho..."	Teil des Zusatzgebetes für den Sabbat. Deutsch: „Freuen mögen sich Deines Reiches diejenigen, die den Sabbat beachten und ihn eine Lust nennen."
Jom Kippur	Versöhnungstag; der höchste jüdische Feiertag, Fasttag mit ganztägigem Gottesdienst. Fällt in den September oder Oktober.
Jontew	Feiertag.

Kaddisch	Gebet zur Lobpreisung Gottes, das auch als Totengebet verwendet wird.
Kade	Geräuchertes Fleisch.
Kaftan	Langes Obergewand für Männer, das zur jüdischen Tracht in Osteuropa gehörte.
Kest	Freie Wohnung und Verköstigung, die einem jungen Ehepaar von den Eltern bzw. Schwiegereltern gewährt werden.
Kleidergesetz	Unter dem Zaren Nikolaus I. im Jahre 1845 erlassenes Gesetz, das das Tragen jüdischer Tracht verbot und den Gebrauch moderner europäischer Kleidung vorschrieb.
„Komm, o Freund, der Braut entgegen“	siehe „Friede mit Euch“.
Kronrabbiner	Offizieller, von der russischen Regierung anerkannter Rabbiner, der die Gemeinde gegenüber den staatlichen Behörden vertrat und die Personenstandsregister führte.
Kugel	Eine Art Auflauf für den Sabbat. Das Gericht wird vor Beginn des Sabbat in den Ofen geschoben, wird dort langsam gar und hält sich warm, so daß am Sabbat eine warme Speise genossen werden kann, ohne das Arbeitsverbot zu verletzen.
Lag bo-Oimer	Der 33. Tag nach Pessach (s. dort). Ein freudiger Gedenktag, an dem die Schulkinder Ausflüge machen.
Laubhüttenfest	Das siebentägige Erntefest im Herbst, an dem man zum Gedenken an die Wüstenwanderung der Israeliten nach dem Auszug aus Ägypten in laubgedeckten Hütten lebt.
Lehrhaus	Gebäude, in dem man sich gemeinsam dem Talmudstudium widmet.
Lulow	Feststrauß für das Laubhüttenfest, bestehend aus einem Palmenzweig, drei Myrten- und zwei Bachweidenzweigen.
Maimonides	Führender jüdischer Philosoph, Gesetzeslehrer und Arzt. Lebte 1135 bis 1204.
Mamaliga	Brei aus Maismehl.
Masel-tow	„Gutes Glück“, übliche Glückwunschformel.
Melamed	Elementarlehrer.
Mesuse	Auf Pergament geschriebene Bibelverse, die, in einer Hülse befindlich, am rechten Türpfosten jedes bewohnten Raumes befestigt werden.
Minjenmann	Bezeichnung für einen Bedürftigen, der gegen Entgelt die Verpflichtung übernimmt, ständig beim Gemeindegottesdienst zugegen zu sein, damit die für das Gebet erforderlichen zehn erwachsenen Männer anwesend sind.
Mirjam	Schwester des Mose.
Mischna	Die mündliche Lehre. Bildet zusammen mit der Gemara den Talmud.
Misnagdim	„Gegner“. Richtung der osteuropäischen jüdischen Orthodoxie, die die mystischen und abergläubischen Tendenzen und Praktiken der Chassidim ablehnte und bekämpfte.

Mondweihe	Gemeindegebet, das nach dem Abendgebet an einem Tag in der ersten Hälfte des Monats im Freien durchgeführt wird.
Montefiore	Jüdischer Philanthrop. 1784–1885, lebte in England. Unternahm Reisen in verschiedene Länder, um die soziale und rechtliche Lage der dort lebenden Juden verbessern zu helfen. 1846 besuchte er Rußland mit Genehmigung des Zaren Nikolaus I. und informierte sich über die Situation der rechtlich und sozial benachteiligten Juden. Seine Unterredung mit dem Zaren und Verhandlungen mit dem russischen Unterrichtsminister sowie seine Vorschläge zur Verbesserung der jüdischen Verhältnisse blieben ergebnislos.
Nahut	Eine Erbsenart, die als Kaffeezusatz oder Kaffee-Ersatz dient.
Papuschki	Piroggen, eine Pastetenart.
Pejes	Schläfenlocken, die sich orthodoxe Juden wachsen lassen.
Perücke	siehe Stirnband.
Pessach	Das achttägige jüdische Osterfest im Frühjahr. An ihm werden zur Erinnerung an den Auszug der Israeliten aus Ägypten besondere Speisevorschriften beachtet: Es werden ungesäuerte Brote (Mazzes) gegessen, alles Gesäuerte bzw. damit in Berührung gekommene Gegenstände werden aus dem Hause entfernt.
Porusch	,,Abgesonderter". Bezeichnung für einen Mann, der seine Frau und seine Familie verläßt, um sich ausschließlich dem Studium des religiösen Schrifttums hinzugeben.
Rachab	Name einer in der Bibel (im Buch Josua) erwähnten Hure.
Raschi	Berühmter Bibel- und Talmudkommentator (1040–1105).
Rambam	Abkürzung für Rabbi Moses ben Maimon = Maimonides (s. dort).
Reb	jiddisch für ,,Herr".
Rebbe	Bezeichnung für das geistige Oberhaupt einer Gruppe von Chassidim.
Rebbezin	Ehefrau eines Rabbiners oder eines chassidischen Rebben.
Ritualbad	In den Gemeinden vorhandene Badeanstalt für rituelle Tauchbäder und für die Säuberung neuer Gefäße. Es darf nur quellendes Wasser (Flußwasser) oder in Gruben gesammeltes Regenwasser verwendet werden. Die Benutzung des Bades ist besonders für Frauen einmal im Monat obligatorisch.
Rosch Haschono	Neujahrsfest. Zweitägiger hoher Feiertag im Herbst.
Schabbes	Sabbat.
Schächter/schächten	Schlächter, der rituell schlachten darf.
Schammes	Synagogendiener, Gemeindediener, Küster.
Schanes	Bezeichnung für ein Bündel von fünf Weidenzweigen, deren Blätter am siebenten Tag des Laubhüttenfestes gegen Ende des Vormittagsgottesdienstes durch Schlagen auf den Fußboden abgeklopft werden.
Schatnes	Bezeichnung für einen aus Wolle und Leinen gewebten Stoff. Das Tragen solcher Mischgewebe ist rituell verboten.

Schmoine-Essre	Achtzehngebet, ursprünglich aus 18 Segenssprüchen bestehendes Hauptgebet, das täglich dreimal, an Feiertagen viermal gesagt wird. Der Betende darf dieses Gebet nicht unterbrechen.
Schnorrer	Bettler.
Schoifor (Plural: Schoifres)	Gekrümmtes Widderhorn, das im Gottesdienst zu bestimmten Gelegenheiten als Blasinstrument benutzt wird.
,,Von den vier Arten der Schädigungen"	Bezeichnung für den Talmudtraktat Baba kama, Anfangsworte des Traktats.
Schnur spannen	Für den Sabbat kann ein größerer Bezirk oder eine Stadt mit einem Draht umgeben werden, um innerhalb dieses Bereiches das Tragen von Gegenständen zu ermöglichen, was sonst, ohne das Arbeitsverbot zu übertreten, nur innerhalb des Hauses erlaubt ist. Durch den Draht wird der umschlossene Raum über die eigene Wohnung hinaus ausgedehnt und der öffentliche Bereich mit dem privaten theoretisch zu einer Einheit gemacht.
Sohar	Titel eines mystischen Kommentars zur Bibel, Hauptwerk der jüdischen mittelalterlichen Mystik, entstanden gegen Ende des 13. Jahrhunderts in Spanien.
Söhne Gottes	Begriff aus dem 1. Buch Mosis. Die Bedeutung ist strittig: Es kann sich um Fromme handeln oder um göttliche Boten, Engel. Möglicherweise ist nicht ,,Söhne Gottes", sondern ,,Söhne der Mächtigen" zu übersetzen.
Stirnband	Binde zum Bedecken der Stirn. Da eine verheiratete jüdische Frau in Osteuropa ihr Haar nicht zeigen sollte, war es üblich, bei der Hochzeit die Haare abzuschneiden und auf dem Kopf ständig eine Haube zu tragen, an die sich vorn das Stirnband anschließt. Die Mode der Haube wurde später durch das Tragen von Perücken ersetzt.
Tallis (Plural: Talleissim)	Gebetmantel. Viereckiges Umschlagetuch aus Wolle oder Seide mit Schaufäden an den Ecken. Wird von Männern beim Morgengebet getragen.
Talmud	Hauptwerk der jüdischen Religion nach der Bibel, bestehend aus der Mischna, der mündlichen Lehre, die als Ergänzung zur Bibel im 2. Jahrhundert u. Z. schriftlich fixiert wurde, und der Gemara, der enzyklopädischen Diskussion über die Lehrsätze der Mischna. Die Gemara, die etwa im 6. Jahrhundert u. Z. abgeschlossen wurde, wird auch als Talmud im engeren Sinne bezeichnet.
Taschlich	Brauch, nach dem Nachmittagsgebet des ersten Tages des Neujahrsfestes an ein fließendes Gewässer zu gehen, um dort symbolisch die Sünden fortzuwerfen.
Terach	Vater des biblischen Abraham. Da Terach Götzendiener war, wird der Name oft als Schimpfwort gebraucht.
Tfillin	Gebetriemen. Lederriemen, auf denen ein würfelförmiges Kästchen befestigt ist, in dem sich auf Pergament geschriebene Bibel-

	stellen befinden. Werden von Männern beim werktäglichen Morgengebet getragen.
Tischebow	Der 9. Aw. Gedenktag zur Erinnerung an die Tempelzerstörungen 586 v. u. Z. und 70 u. Z. Strenger Fasttag. Fällt in den Hochsommer.
Tora	Die fünf Bücher Mosis, Pentateuch.
Tossafot	Erläuterungen zum Talmud, aus dem 12. bis 13. Jahrhundert stammend.
Traubaldachin	Die Vermählungszeremonie findet unter einem Baldachin statt, dessen vier Stangen von unverheirateten Männern gehalten werden.
treife	nach den rituellen Speisevorschriften verboten. Gegenteil von koscher.
Tubal-Kain	als erster Schmied in der Bibel erwähnt.
Urjadnik	Wachtmeister der Landpolizei.
Vorbeter	Mitglied einer Gemeinde oder ein seiner schönen Stimme wegen in verschiedene Gemeinden reisender Jude, der die Gebetstexte laut und melodisch vorträgt.
Wassiltschikow, A. I.	(1818–1881) russischer Ökonom und Publizist. Generalgouverneur von Kiew, Wolhynien und Podolien.
Zinserlaubnis	Das jüdische Recht verbietet das Zinsnehmen. Das talmudische Recht ermöglicht allerdings unter gewissen Bedingungen eine Gewinnbeteiligung, wenn Geld für produktive Zwecke verliehen wird. Auch das mittelalterliche Kirchenrecht verbietet das Zinsnehmen, findet aber in der Praxis Auswege, um den Handel zu ermöglichen.
Zizzes	Schaufäden, an den Ecken von Kleidungsstücken befestigt (vgl. Arbekanfes und Tallis).

Die Transkription der hebräischen Wörter erfolgte in der in Mittel- und Osteuropa üblichen aschkenasischen Lautung unter Zuhilfenahme des Philolexikons.

Alle in diesem Band enthaltenen Übersetzungen wurden zugunsten der Verständlichkeit und Lesefreundlichkeit behutsam redigiert.

Bildnachweis

Inhalt

ISBN 3-359-00318-7

3. Auflage

Lizenz-Nr.: 540/124/89 · LSV 7201
Buchgestaltung: Gerhard Milewski
Printed in the German Democratic Republic
Gesamtherstellung: Sachsendruck Plauen

620 698 7
02750